Photoshop CS2
Composing & Montage

EDITION **PROFI**FOTO
_{MAGAZIN FÜR PROFESSIONELLE FOTOGRAFIE UND DIGITAL IMAGING}

Photoshop CS2
Composing & Montage

Uli Staiger

Bibliografische Information Der Deutschen Bibliothek
Die Deutsche Bibliothek verzeichnet diese Publikation in
der Deutschen Nationalbibliografie; detaillierte bibliografische
Daten sind im Internet über http://dnb.ddb.de abrufbar.

ISBN 3-8266-1579-4
1. Auflage 2005

Alle Rechte, auch die der Übersetzung, vorbehalten. Kein Teil des Werkes darf in irgendeiner Form (Druck, Kopie, Mikrofilm oder einem anderen Verfahren) ohne schriftliche Genehmigung des Verlages reproduziert oder unter Verwendung elektronischer Systeme verarbeitet, vervielfältigt oder verbreitet werden. Der Verlag übernimmt keine Gewähr für die Funktion einzelner Programme oder von Teilen derselben. Insbesondere übernimmt er keinerlei Haftung für eventuelle, aus dem Gebrauch resultierende Folgeschäden.

Die Wiedergabe von Gebrauchsnamen, Handelsnamen, Warenbezeichnungen usw. in diesem Werk berechtigt auch ohne besondere Kennzeichnung nicht zu der Annahme, dass solche Namen im Sinne der Warenzeichen- und Markenschutz-Gesetzgebung als frei zu betrachten wären und daher von jedermann benutzt werden dürften.

© Copyright 2005 by vmi-Buch/Bonn,
ein Geschäftsbereich der Redline GmbH, Heidelberg

Lektorat: Katja Schrey
Korrektorat: Jürgen Dubau
Satz: DREI-SATZ, Husby, www.drei-satz.de
Druck: Media-Print, Paderborn

Printed in Germany

Inhalt

Einleitung
VON PIXELN UND ANDEREN KLEINIGKEITEN 9

Teil A
THEORETISCHE GRUNDLAGEN 13

Kapitel 1
TECHNISCHE VORAUSSETZUNGEN 15
- 1.1 Kameras 16
- 1.2 Das Stativ 21
- 1.3 Das Blitzgerät 21
- 1.4 Elektronische Bildbearbeitung 22

Kapitel 2
EINIGE FOTOGRAFISCHE GRUNDLAGEN 25
- 2.1 Zeit-Blenden-Kombination 26
- 2.2 Brennweite 29
- 2.3 Licht 33
- 2.4 Farbtemperatur 36
- 2.5 Speicherformat 38

Kapitel 3
EINIGE GRUNDLAGEN IN PHOTOSHOP 43
- 3.1 Ein bisschen Pixelphilosophie 44
- 3.2 Freistellen 45
- 3.3 Anpassung von Kontrast, Farbe und Struktur . . . 49
- 3.4 Organisation 56

Kapitel 4
ENTWURF UND UMSETZUNG 59
- 4.1 ...und wie geht's weiter? 62

Inhalt

Teil B
DIE WORKSHOPS 65

Kapitel 5
WASGUCKSTDU?! 67
  5.1   Landschaft 68
  5.2   Model 74
  5.3   Montage der Arme 78
  5.4   Klammern 81
  5.5   Wäscheleine 84
  5.6   Materialdicke und Zipfel 87
  5.7   Schatten 94
  5.8   Tropfen 99

Kapitel 6
KARTOFFELPRESSEN 103
  6.1   Vorbereitung der Ausgangsfotos 104
  6.2   Landschaft 106
  6.3   Einbau der Kartoffelpressen 113
  6.4   Spiegelungen im Boden 123

Kapitel 7
FLIEGENDE TEESIEBE 129
  7.1   Landschaft 130
  7.2   Eingang 139
  7.3   Einbau der Siebe 151

Kapitel 8
ALLES SUPER! 167
  8.1   Teil 1: Einbau des Jets 168
  8.2   Ready for landing... 176

Inhalt

Kapitel 9
TOWERS 205
    9.1 Landschaft 206
    9.2 Einbau der Tower 212

Kapitel 10
BÄCKERS TRAUM 229
    10.1 Landschaft 230
    10.2 Gebogenes Bild 234
    10.3 Die Montage 241

Kapitel 11
TOWERS III 251
    11.1 Landschaft und Lkw 252
    11.2 Einbau der Sandstrahlen 269

Kapitel 12
SQUEEZE! 279

Kapitel 13
SWEET IMPACT 303
    13.1 Landschaft 304
    13.2 Die Tasse 315
    13.3 Die Zuckerwürfel 320

Kapitel 14
GENFOOD 333
    14.1 Einbau der Tomaten 334
    14.2 Der Kabelanschluss 344

Index 363

EINLEITUNG
Von Pixeln und anderen Kleinigkeiten

Einleitung
Von Pixeln und anderen Kleinigkeiten

Vor langer, langer Zeit, die Ära der Pixel hatte gerade erst begonnen, arbeitete ich als Assistent bei dem amerikanischen Fotografen Neil Molinaro. Nicht dass Sie den Herrn unbedingt kennen müßten, ich kannte ihn bis einen Tag vor meiner Anstellung als *first assistant* in seinem Werbestudio in der Gegend von New York auch nicht. Aber ich kannte seine Bilder. Denn er machte etwas, was in der Fotografie bis dahin fast unbekannt war: Er beschäftigte sich mit der Technik des analogen Bildcomposings zu keinem anderen Zweck als der ästhetischen Umsetzung seiner Ideen.

Sicherlich, in der über 170-jährigen Geschichte der Fotografie wurden bereits kurz nach ihrer Entdeckung Verfremdungstechniken entwickelt, die Fotografie wurde sehr schnell kommerzialisiert, in bereits bestehende Techniken wie z. B. die Drucktechnik integriert und somit einem breitgefächerten Publikum erfahrbar gemacht. Also schien es für die Bildschaffenden, die »Kreativen« dieser Zeit doch sehr verlockend, durch Verfremdung, Kombination verschiedener Negative und diverse Retuschiertechniken, ja manchmal sogar nur durch die geschickte Wahl eines Bildausschnittes über die reine Abbildung eines Sachverhaltes hinaus eine eigene Realität zu schaffen. Und wie vorzüglich dies funktionierte, lässt sich unter anderem daran ablesen, wie schnell Bildretusche- und Manipulation Eingang gefunden haben in lenkende Berichterstattungen, auch Propaganda genannt.

Doch zurück zu Neil Molinaro. Er hatte und hat bis heute bei seinen Collagen keine finsteren Hintergedanken, sondern beschäftigte sich mit purer Ästhetik. Seine Arbeiten sind von den »Unmöglichen Welten« von M. C. Escher inspiriert, und er schaffte es, dessen geometrisch fast nicht begreifbare Welten fotografisch zu interpretieren. Und all dies ohne jede Hilfe eines Computers, geschweige denn eines Bildbearbeitungsprogramms oder einer Digitalkamera!

Moderne Bildbearbeitung, also all die Techniken, die sich mit Retusche, Maskierung und Kombination unterschiedlicher Bildquellen befassen, haben ihre Wurzeln in jahrzehntealten handwerklichen Vorgehensweisen und werden bis ins Detail eben von jenen Bildbearbeitungsprogrammen imitiert. Ein kleines Beispiel: Die Werkseinstellung für eine Maske in Photoshop ist rot. Selbstverständlich kann dieser Maske jeder andere Farbton zugewiesen werden, doch dass Adobe rot gewählt hat, liegt daran, dass Schwarz-Weiß-Negative zum Zweck der Freistellung seit jeher mit einem roten Farbstoff maskiert wurden, um an der Stelle des Farbauftrags nur rotes Licht auf das Fotopapier passieren zu lassen. Denn bis heute sind viele Schwarz-Weiß-Papiere nicht rotempfindlich.

Sie ahnen es bereits: Dieses Buch möchte Ihnen nicht nur die Möglichkeit geben, die Workshops im zweiten Teil technisch möglichst perfekt nachzubauen. Es soll Sie darüber hinaus in die Lage versetzen, eigene Werke zu schaffen, wobei das Thema Fotografie eine nicht unerhebliche Rolle spielt. Die Fotografie, unabhängig davon, ob Sie lieber analog arbeiten und die Negative oder Dias digitalisieren oder von vornherein eine Digitalkamera einsetzen, ist die Grundlage der hier beschriebenen Composings und Bildmontagen. Nur wenn Sie in der Lage sind, vernünftiges Bildmaterial zu erstellen, können aus diesem Material auch schöne Montagen entstehen. Es geht mir dabei nicht darum, Sie zum Werbefotografen auszubilden; lediglich Grundlagen wie beispielsweise der Zusammenhang von Zeitwahl und Blende an Ihrer Kamera oder der Unterschied zwischen gerichtetem und diffusem Licht sollen erläutert werden, denn diese Dinge sind essentiell wichtig für die Erstellung von Bildmontagen.

Dann möchte ich Ihnen im vierten Kapitel unter anderem gerne ein paar Gedanken zur Ästhetik einer Bildmontage mit auf den Weg geben. Ich finde es durchaus bemerkenswert, wie vielen Montagen man im täglichen Leben begegnen kann. Teilweise werden sie veröffentlicht, andere sind Arbeiten von Schülern, Studenten oder Teilnehmern eines Wettbewerbs. Zu sehen sind diese Werke in Zeitschriften, auf zahlreichen Webseiten oder als kommerzielle Arbeiten auf Werbetafeln. Und dennoch ist eine Vielzahl dabei, die bei großem technischen Aufwand einfach nicht sauber umgesetzt wurden oder deren Ästhetik, vorsichtig formuliert, zu wünschen übrig lässt. Dies hat zum Teil sicherlich mit einem enormen Zeitdruck in der Werbewirtschaft zu tun, die davon lebt, einen Kunden in möglichst kurzer Zeit glücklich zu machen, denn Zeit kostet Geld. Oft jedoch frage ich mich, warum eine Idee, die eigentlich gut ist, mit so wenig Liebe zum Detail umgesetzt wurde, dass sie letzten Endes nicht glaubhaft wirken kann.

Da wären wir beim Thema Umsetzung gelandet, das in den Kapiteln 3 die Grundlagen von Photoshop und in Kapitel 4 die Umsetzung eigener Ideen behandelt. Abgesehen davon, dass alle Anwenderinnen und Anwender eigene Wege für den Umgang mit Photoshop finden und eigene Arbeitsweisen und Vorlieben entwickeln müssen, gilt dennoch, dass Detailtreue und Genauigkeit grundsätzlich Vorrang haben vor einer Arbeitsweise, die fast genauso gut funktioniert, aber schneller zum vermeintlichen Erfolg führt. Denn die Summe der Details und Einzelheiten führt zum Ziel, ein optisch glaubwürdiges Composing zu erschaffen. Eine Auswahl per Zauberstab? Ist beinahe immer die schlechtere Wahl. Kontrasterhöhung im Menü Helligkeit/Kontrast? Dies ist manchmal die einfachere Alternative zur Tonwertkorrektur, doch Sie ahnen ja nicht, was Sie damit anrichten können!

Dennoch müssen Sie nun nicht befürchten, von technischen Details die Druckvorstufe betreffend oder solch kryptischen Dingen wie Farbräumen oder ICC-Profilen erschlagen zu werden. Dieses Buch soll dazu beitragen, Ihre Kreativität zu entfalten und Ihre Ideen umzusetzen. Wir bewegen uns ausschließlich im RGB-Farbraum, für Fragen darüber hinaus bietet Ihnen dieser Verlag ein reichhaltiges Sortiment weiterführender Literatur.

Sie lesen noch immer? Dann freuen Sie sich auf spannende Stunden bei der Erschaffung Ihrer eigenen Welten. Ich wünsche Ihnen viel Erfolg und Spaß dabei!

Uli Staiger

Teil A
Theoretische Grundlagen

1 Technische Voraussetzungen 15
2 Einige fotografische Grundlagen 25
3 Einige Grundlagen in Photoshop 43
4 Entwurf und Umsetzung 59

KAPITEL 1
Technische Voraussetzungen

1.1	Kameras	16
1.2	Das Stativ	21
1.3	Das Blitzgerät	21
1.4	Elektronische Bildbearbeitung	22

Kapitel 1 — Technische Voraussetzungen

Bevor Sie sich in die kreative Arbeit stürzen, sollten Sie eine Bestandsaufnahme dessen machen, was Ihnen an Geräten zur Verfügung steht. Dieses Kapitel wird Ihnen helfen herauszufinden, welche Mindestvoraussetzungen Ihr Equipment erfüllen sollte, um damit Bildmontagen zu produzieren. Weiterhin werden Sie Wissenswertes über verschiedene Kamerasysteme und Filmformate erfahren, und Sie werden Entscheidungskriterien finden, um entweder digitale oder analoge Fotografie zu wählen. Übrigens: Sie brauchen weder die neueste Entwicklung auf dem Gebiet der digitalen Spiegelreflexkameras noch eine nagelneue Workstation mit technischen Daten, die einen Computerspezialisten in einen Zustand transzendent-seliger Entrückung fallen lassen. Also nur Mut: Vergleichen Sie, was Sie haben, mit dem, was Sie brauchen.

1.1 Kameras

Am besten, Sie tragen mal zusammen, was Sie so haben: Da war doch noch irgendwo die alte Spiegelreflex, die seit Jahren im Schrank liegt, oder war's doch eine Sucherkamera? Vielleicht kommen wir doch gleich mal zum wesentlichen Unterschied dieser beiden Systeme:

Spiegelreflex

Die Spiegelreflexkamera verdankt ihren Namen einem Spiegel, der im Winkel von 45° zwischen dem Objektiv und dem Verschluss der Kamera angebracht ist und in den allermeisten Fällen beweglich ist. Er lenkt das vom Objektiv projizierte Bild nach oben in ein Prisma. Dessen Innenflächen wiederum spiegeln das Bild mehrfach so, dass es seitenrichtig und aufrecht stehend im Sucher zu sehen ist.

Lösen Sie die Kamera aus, um ein Foto zu machen, klappt der Spiegel nach oben und gibt den Strahlengang frei, der vor dem Film befindliche Verschluss öffnet sich für die Dauer der eingestellten Zeit und der Film wird belichtet. Nachdem der Verschluss »abgelaufen«, also wieder verschlossen ist, klappt der Spiegel in seine ursprüngliche Position und das Sucherbild ist wieder sichtbar. Anschließend wird der Film entweder manuell oder motorisch weiter transportiert und bei dieser Gelegenheit auch der Verschluss neu gespannt, um für die nächste Aufnahme wieder ausgelöst zu werden. Das Prinzip einer digitalen Spiegelreflexkamera, auch DSLR (*Digital Single Lens Reflex*) genannt, funktioniert übrigens genau gleich. Der einzige prinzipielle Unterschied liegt darin, dass an Stelle des Kleinbildfilms der lichtempfindliche Aufnahmechip platziert ist, der die Lichtwerte über einen Analog-Digital-Wandler in Daten umrechnet.

Die Vorteile der SLR oder DSLR liegen auf der Hand: Das im Sucher sichtbare Bild ist genau jenes, das auch bei Öffnung des Verschlusses auf den Film oder den Chip gebannt wird, im Gegensatz zur Sucherkamera, deren Funktionsweise ich gleich erläutern werde. Weiterhin kann bei fast allen SLRs das Objektiv gewechselt werden; Sie können sich also entscheiden, ob Sie lieber eine Landschaftsaufnahme mit einem Weitwinkelobjektiv oder ein architektonisches, weit entferntes Detail an einem Wolkenkratzer fotografieren möchten. Ein anderer Vorteil dieser Kamerasysteme liegt darin, dass sie normalerweise wesentlich mehr Möglichkeiten haben, das spätere Bild zu beeinflussen, da die Automatikmodi, von denen es meiner Meinung nach viel zu viele gibt, in aller Regel abschaltbar sind. Mit anderen Worten: Der Fotograf bestimmt, wo's lang geht und nicht die Kameraelektronik.

Wenn alles an diesen Kisten so toll wäre, wie es die eben beschriebenen Vorteile nahe legen, hätte sie natürlich jeder, doch leider gibt es auch ein paar Nachteile, die nicht unerwähnt bleiben sollen: Sie sind normalerweise um einiges teurer als Sucherkameras, was sicherlich auch an ihrer komplexeren Bauweise liegt. Außerdem sind sie größer, und auch die verschiedenen Objektive, die man ja doch ganz gerne hätte, erweitern Ihre Ausrüstung und damit deren Gewicht. Auch Zeit und Blende sind bei den meisten Modellen unabhängig voneinander steuerbar, müssen aber dennoch aufeinander abgestimmt sein, um eine passende Belichtung zu garantieren. Dies erfordert ein wenig Grundwissen, auf das ich im Kapitel 2 zu sprechen kommen werde.

Sucherkameras

Des einen Nachteil ist des anderen Vorteil: Sucherkameras sind deutlich kleiner als Spiegelreflexkameras, obwohl Sie dieselben Filme verwenden können bzw. der Chip dieselbe Größe hat. Ihre etwas einfachere Bauweise, die beispielsweise auf den beweglichen Spiegel verzichtet, macht sie also kleiner und damit auch erheblich leichter. Man kann so ein kleines Ding immer dabeihaben, es ist überall griffbereit, und man verpasst keine Situation, die man eigentlich ganz gerne fotografiert hätte. Moderne Vertreter dieser Gattung verfügen über eine ganze Palette nützlicher Dinge: Sie besitzen einen Autofokus, einen eingebauten Blitz, der nützlich, wenn auch nicht besonders leistungsstark ist, und: Sie haben ein eingebautes Zoomobjektiv, decken also vom leichten Weitwinkel bis zum nahen Telebereich alles ab. Dass sie auch billiger sind, können Sie sich sicherlich bereits denken.

Nun zu den Nachteilen: Es gibt leider eine ganze Reihe von Modellen, deren Bildqualität nicht wirklich berauschend ist, da leider oft an der falschen Stelle gespart wird, nämlich dem Objektiv. Auch das Funktionsprinzip ist etwas anders: Wenn Sie durch den Sucher schauen, bemerken Sie die sogenannte Parallaxe, also die Abweichung des Sucherbildes vom tatsächlich aufgenommenen Bild. Der Sucher ist neben dem Objektiv angebracht, was bei Landschaftsaufnahmen keinen wahrnehmbaren Unterschied hervorruft. Bei Nahaufnahmen sieht's etwas anders aus, da kann es Ihnen passieren, dass Ihr Hauptmotiv angeschnitten ist.

Dies sind die Hauptmerkmale der beiden Kameraklassen. Natürlich möchte ich betonen, dass es ganz hervorragende Sucherkameras gibt, die neben wirklich guten Objektiven auch über einen Parallaxenausgleich verfügen. Ebenso gibt es Spiegelreflexkameras, die dem Standard eines engagierten

Kapitel 1 — Technische Voraussetzungen

Hobbyfotografen oder gar eines Profis nicht genügen. Womit Sie letztlich fotografieren, hängt von Ihrem Engagement für die Fotografie, Ihrer Leidensfähigkeit und Ihrer Erwartungshaltung ab. Und sicherlich nicht zuletzt auch ein bisschen von Ihrer Brieftasche.

Abbildung 1.1
Spiegelreflex-Kamera mit Objektiv

Abbildung 1.2
Sucherkamera

Weitere Formate

> **Hinweis**
>
> Was die Preise betrifft: Die sind ab Mittelformat aufwärts nicht nur bei den Kameras höher, sondern auch bei Filmmaterial und Entwicklung!

Der Vollständigkeit halber seien hier noch andere Filmformate aufgezählt, die sich aber deutlich in Freizeit- oder Profiformate einordnen lassen. Fangen wir mit den Freizeitformaten an: Die gute alte Pocket-Kamera. Sie zeichnet sich vor allem dadurch aus, dass man sie bei eingelegtem Film öffnen kann, ohne dass alle bisher geschossenen Fotos dahin wären. Hm. Wenn Sie noch so ein Ding besitzen sollten, werfen Sie's nicht weg. Aber fotografieren Sie auch nicht damit, die Bildqualität lässt auf Grund des winzigen Negativs zu wünschen übrig. APS-Format: Kameras, die APS-Filme benötigen, haben den Vorteil, dass sie bei eingelegtem Film auf ein Panoramaformat umschalten kann. Leider bedeutet das lediglich, dass vom vorhandenen Format oben und unten ein Teil nicht belichtet wird, so dass Sie zum gleichen Ergebnis gelangen, wenn Sie von Ihrer Vergrößerung den Himmel und den Vordergrund abschneiden. Auch nicht wirklich eine technisch brillante Lösung, wenn's um Qualität geht.

1.1 Kameras

Nun zur Profi-Klasse: Mittelformat-Kameras. Diese Kameras werden mit Rollfilmen geladen. Die Negativgröße reicht, je nach Bauart der Kamera, von 4,5 x 6 cm bis zum stattlichen Format von 6 x 17 cm. Die Detailauflösung ist wegen des großen Formats beachtlich, auch feine Details werden gut aufgelöst. Der Umgang mit so einem Ding ist nicht nennenswert anders als mit einer der oben beschriebenen Kleinbild-SLR, allerdings ist die Kamera selbst doch erheblich größer und, je nach Hersteller, preislich recht hoch angesiedelt. Für Profis eben. Wer ein absoluter Qualitätsfetischist ist, dem reicht dieses Format natürlich noch nicht. Für diese Fotografen gibt es die sogenannten Großformat- oder Fachkameras, die neben dem gigantischen Filmformat von 10 x 13 cm auch noch Möglichkeiten zum Schärfeausgleich besitzen, da die Objektiv- und die Filmebene gegeneinander verschwenkbar sind. Und glauben Sie nur nicht, hier sei schon Schluss: Fachkameras gibt es auch noch für das Format 13 x 18 bzw. 20 x 25 cm. Sie sehen, der Qualität sind fast keine Grenzen gesetzt. Meine größte Kamera besitzt ein Negativ-Format von 50 x 60 cm, aber Sie können mir glauben, dass ich für die Produktion auch nur einer einzigen Aufnahme fast eine Woche Urlaub dransetzen muss.

Abbildung 1.3
Kleinbild-Spiegelreflex- und 50x60cm-Kamera

COMPOSING & MONTAGE **19**

Kapitel 1 — Technische Voraussetzungen

Analog oder digital?

Doch zurück zum Wesentlichen. Wer analog arbeitet, benötigt nach Entwicklung des Films einen Scan, der möglichst vom Negativ oder Dia gemacht werden sollte, zur Not jedoch auch von einer Aufsichtsvorlage, also einer Vergrößerung gemacht werden kann. Es bleibt Ihnen dabei überlassen, ob Sie selbst digitalisieren wollen, was natürlich einen Scanner erfordert, oder ob Sie lieber einen Scanservice in Anspruch nehmen wollen, der für einen inzwischen vertretbaren Preis eine Datei in angemessener Auflösung liefert. Mehr zum Thema Scannen erfahren Sie im Kapitel »Grundlagen Photoshop«.

Natürlich können Sie sich all dies sparen, wenn Sie digital arbeiten. Da die Daten direkt von der Kamera oder einem Kartenlesegerät in den Rechner geschaufelt werden, erübrigt sich die Digitalisierung. Stellt sich nur noch die Frage, was die Kamera können muss, mit der Sie die einzelnen Teile für Ihr Composing fotografieren wollen. Ich glaube aber, dass ich Sie da beruhigen kann. Der Preis für Digitalkameras ist stark gefallen oder anders formuliert: Sie bekommen heute ein Mehrfaches an Pixelleistung für das gleiche Geld als noch vor einigen Jahren. Dennoch sollte man nicht einzig und allein auf die Auflösung achten, denn ein billiges Objektiv kann die Leistung eines 8-Megapixel-Chips nicht voll ausschöpfen. Genauso wenig wäre es sinnvoll, eine womöglich gebrauchte 2-Megapixel-Kamera mit einem hervorragenden Tessar-Objektiv zu erwerben, weil zwei Megapixel heute einfach nicht mehr dem Stand der Technik entsprechen. Für das, was wir in den kommenden Kapiteln anstellen wollen, kann ich lediglich eine Empfehlung geben. Die können Sie, wenn Sie wollen, beim Kauf einer neuen Kamera berücksichtigen; wenn Sie bereits eine besitzen, können Sie überprüfen, ob die Kamera den Anforderungen genügt.

Tabelle 1.1
Dies sind Richtwerte, was Kamera und Objektive möglichst können sollten.

	Auflösung in Megapixel	Objektiv, bezogen auf Kleinbild	Weitere Features
Sucherkamera	4-6	Zoom, 28-70 mm	Makroeinstellung
Digitale SLR	6-8		Externer Blitzanschluss
Objektiv SLR		Zoom 28-70 mm	Makrofunktion

Ein Wort zur Makrofunktion: Manchmal spielen in einer Collage Gegenstände eine Rolle, die recht klein sind, etwa von der Größe einer Streichholzschachtel. Um auch solche Dinge in ausreichender Größe oder Auflösung fotografieren zu können, empfiehlt sich der Einsatz eines Makroobjektivs, das es erlaubt, sich dem Objekt bis auf wenige Zentimeter zu nähern. Da echte Makroobjektive aber ziemlich teuer sind, sollten Sie beim Kauf einer Sucherkamera oder eines Zoomobjektivs für die Spiegelreflexkamera darauf Acht geben, dass diese eine Makrofunktion besitzen.

1.2 Das Stativ

Natürlich können Sie sich auch in Unkosten stürzen und eine 17-Megapixel-DSLR erweben, dazu alle Objektive vom Fisheye bis zum 400-mm-Fernobjektiv, doch in aller Regel ist solches Spezialequipment nicht erforderlich. Wenn Sie in einigen Jahren diese Anforderungen mit dem bis dahin aktuellen Angebot vergleichen, werden Sie sicherlich ein Schmunzeln nicht unterdrücken können, da sich die Auflösung der Chips bei gleichbleibendem Preis etwa alle drei Jahre verdoppelt. Dennoch können Sie davon ausgehen, dass die Bildqualität einer modernen DSLR mit acht Megapixeln auch in fünf Jahren noch für die meisten Anwendungen ausreicht.

1.2 Das Stativ

Kommen wir zu einem recht unbequemen Ausrüstungsstück, das aber für viele Dinge unerlässlich ist: dem Stativ. Natürlich könnte man, wenn das vorhandene Licht nicht ausreicht, einfach einen Blitz auf die Kamera setzen oder den bereits eingebauten Blitz nutzen. Dies würde aber bedeuten, dass das Licht immer von vorne kommt und Sie keinen Einfluss mehr darauf haben, von welcher Seite Sie einen Gegenstand oder eine Person beleuchten wollen. Außerdem ist auch bei guten Lichtverhältnissen die Gefahr, ein Bild zu verwackeln, nie gänzlich ausgeschlossen. Selbst wenn die Wiedergabe Ihres Motivs auf dem kleinen Monitor der Kamera gestochen scharf aussieht, könnte es sein, dass Sie beim Betrachten des Bildes auf dem Computer-Monitor feststellen, dass Sie das Motiv »verrissen« haben, also im Moment des Auslösens eine kurze, schnelle Bewegung gemacht haben, die die Qualität mindert oder das Bild sogar unbrauchbar macht. Also gewöhnen Sie sich lieber gleich an das schnappschussfeindliche Möbel, denn schließlich dürfte die Mehrzahl der Aufnahmen, die für ein Composing geeignet und erwünscht sind, sowieso nicht aus Schnappschüssen bestehen. Wichtig beim Kauf eines Stativs ist neben der Höhe, in die man die Kamera damit bringen kann, vor allem seine Stabilität. Für Sucherkameras, die klein und leicht sind, können Sie auch ein leichtes Stativ verwenden; die schwereren Spiegelreflex-Boliden erfordern vom Stativ eine gewisse Standfestigkeit, um verwacklungsfreie Aufnahmen zu liefern.

1.3 Das Blitzgerät

Wie wichtig ein Blitzgerät für Ihre Aufnahmen ist, müssen Sie selbst entscheiden. Die Problematik des von vorne kommenden Lichts, das kaum eine Modulation des Gegenstandes erlaubt, hatte ich bereits erwähnt. Dennoch gibt es Leute, die im Studio fotografieren und für die Ausleuchtung der Personen und Objekte eine Studio-Blitzanlage benutzen. Bedenken Sie dabei bitte, dass so eine Anlage, verglichen mit der Kameraausrüstung, richtig Geld kostet und auch der Umgang damit einige Übung erfordert. Als Alternative können Sie Tageslicht benutzen, denn viele Studiotechniken sind ganz billig von Mutter

> **Tipp**
>
> Egal, womit Sie nun fotografieren wollen: In jedem Fall sollten Sie vernünftige Akkus für Ihre Kamera benutzen. Digitalkameras haben einen erheblich höheren Energieverbrauch als vergleichbare Analogmodelle. Wenn Sie viel fotografieren und vorhaben sollten, den Energiehunger der Kamera mit Batterien zu stillen, empfehle ich Ihnen vorher die Erarbeitung eines Finanzierungsplans für den Kauf der Batterien. Von der Umweltbelastung durch all die vielen leeren Batterien will ich gar nicht erst sprechen.

Kapitel 1
Technische Voraussetzungen

Natur abgekupfert und mit wenig technischem Aufwand im Freien nachzuahmen. Ich kann mir vorstellen, dass die hier aufgeführte Fotoausrüstung noch den einen oder anderen Wunsch offen lässt, doch wenn Sie sie nutzen und Ihre Ergebnisse überprüfen, um sie wenn notwendig zu verbessern, dann kommen Sie recht weit damit. Was noch fehlt, stellt sich vielleicht erst im Laufe der Zeit heraus; wenn Sie das benötigte Ausrüstungsstück erst dann kaufen, wissen Sie wenigstens, dass Sie es wirklich brauchen.

1.4 Elektronische Bildbearbeitung

Ein recht wichtiges Teil allerdings brauchen Sie unbedingt: einen Rechner, der über genügend Arbeitsspeicher verfügt, um auch komplexe und damit große Bilddateien zu verarbeiten. Noch vor einigen Jahren war es ein mit fast fundamentalistischem Eifer ausgetragene Diskussion, ob als Werkzeug zur Bildbearbeitung nun ein Mac oder ein Windowsrechner vorzuziehen sei. Mir fiel dabei auf, dass ich noch keinem einzigen Bild angesehen hatte, ob es auf der einen oder der anderen Plattform bearbeitet wurde. Richtig ist, dass Apple Macintosh die intuitiv bedienbare Benutzeroberfläche eingeführt hat, mit der Grafiker, Fotografen und Druckvorstufen-Leute prima zurecht kamen, da sie sich ohnehin schon immer mit der Visualisierung von Ideen beschäftigt haben. Wenn man jedoch heute die Oberflächen von Mac und Windows vergleicht, stellt man fest, dass beide Plattformen sehr ähnlich gestaltet sind und Photoshop auf beiden Systemen die gleichen Funktionen beinhaltet. Auch kann man zur Firmenpolitik von Microsoft stehen, wie man möchte, Tatsache ist, dass die Vorliebe für die eine oder die andere Plattform keine nennenswerten Unterschiede in Ihren Ergebnissen sichtbar machen wird, auch die Arbeitsweise ist annähernd gleich. Obwohl sämtliche Screenshots für dieses Buch die Mac OS X-Oberfläche zur Grundlage haben, finden Sie die gleichen Menüpunkte unter Windows an gleicher Stelle, von wenigen Ausnahmen einmal abgesehen. Da ich mich nun schon als Mac-User geoutet habe, kann ich Ihnen gleich noch ein paar Dinge mit auf den Weg geben, die mir das Arbeiten an großen Dateien sehr erleichtern:

Der Monitor

Das Wichtigste ist neben dem Rechner, zu dem wir gleich kommen, ein guter Monitor. Er sollte nicht zu klein sein, etwa 20 Zoll Bildschirmdiagonale ist ein brauchbarer Standard. Flimmerfreiheit und ein hohes Maß an Schärfe sind allein deshalb sehr wichtig, um nicht vorzeitig zu ermüden oder einen grässlichen Migräneanfall zu bekommen. Außerdem macht das Arbeiten viel mehr Spaß als an einem kleinen, halbblinden Bullauge. Zwar scheint es, als würde der Röhrenmonitor nach und nach von den wesentlich flacheren TFTs ersetzt, doch sind beide Gerätetypen durchaus in der Lage, ein brauchbares Monitorbild zu liefern.

> **Tipp**
>
> Sparen Sie zur Not am Urlaub, auf keinen Fall aber an einem guten Monitor. Er erleichtert nicht nur das Arbeiten, sondern schont Ihre Augen!

1.4 Elektronische Bildbearbeitung

Als extrem praktisch hat sich der Einsatz eines zweiten Monitors erwiesen, der über eine zweite Grafikkarte angesteuert wird. So können Sie sich voll und ganz auf Ihr Composing auf dem Hauptmonitor konzentrieren, während die Ebenenpaletten, das Protokoll und andere nützliche Dinge auf dem Zweitmonitor lümmeln, um bei Bedarf sofort zu Verfügung zu stehen. Praktisch, das!

Der Rechner

Der Rechner selbst sollte nicht zu klein dimensioniert sein. Angenehm ist ein Arbeitsspeicher mit einem oder sogar zwei Gigabyte, der auch mit größeren Dateien jonglieren kann, ohne gerade dann abzuschmieren, wenn man eben vorhatte, mal wieder zu speichern. Auch eine interne oder externe Festplatte von etwa 250 GB hält einem den Rücken frei, denn man kann die Datei mit ihren 59 Ebenen und all ihren Quelldateien einfach dort parken. Einfach so. Aber auch dann, wenn Ihr Rechner schon ein paar Tage älter ist, können Sie selbstverständlich damit arbeiten. Die meisten Anwendungen funktionieren trotzdem, aber je nach Dateigröße müssen Sie längere Wartezeiten für Rechenvorgänge in Kauf nehmen.

Maus oder Grafiktablett?

Eine wichtige Frage ist, ob Sie lieber mit der Maus oder einem Grafiktablett arbeiten wollen. Vor kurzem hörte ich, mit der Maus zu arbeiten sei wie mit einem Stück Seife umzugehen, man könne nicht exakt damit arbeiten. Ich teile diese Meinung bei allen Vorteilen eines Grafiktabletts nicht und finde sogar, dass man sehr genau mit einer Maus umgehen kann, wohingegen mich ein Tablett zum Malen verleitet. Probieren Sie einfach beides aus und entscheiden Sie dann, welches der beiden Werkzeuge Ihnen geeigneter erscheint.

Der Scanner

Ein paar Worte zum Scanner, den Sie natürlich nur dann brauchen, wenn Sie analog fotografieren. Einen Flachbettscanner, der Aufsichtsvorlagen scannen soll, also beispielsweise Fotos, bekommen Sie schon für verhältnismäßig wenig Geld. Die übliche Vorlagengröße von DIN A4 bei einer Auflösung von 600 dpi und einer Farbtiefe von 24 Bit reicht mehr als aus, um die meisten Vorlagen in ausreichender Größe zu digitalisieren. Etwas teurer wird es, wenn Sie vom Dia oder Negativ scannen wollen. Dies empfiehlt sich, weil zwischen Negativ und dessen Vergrößerung ein Kopiervorgang liegt, der im besten Falle die im Negativ vorhandenen optischen Details farbgetreu auf das Papier gebracht hat. Im schlechteren Fall lässt die Schärfe zu wünschen übrig oder das Foto hat einen Farbstich, der erst wieder per Tonwertkorrektur entfernt werden muss. Also: Überlegen Sie, ob sich die Anschaffung eines Scanners für Durchsichtsvorlagen wie Negative und Dias für Sie lohnt. Wenn Sie analog arbeiten und sich mit dem Scan nicht belasten wollen, empfehle ich, einen Scanservice in Anspruch zu nehmen. Manche Fotogeschäfte bieten an, alle Aufnahmen des Films zu digitalisieren; je nach Angebot müssen Sie sich über-

Kapitel 1
Technische Voraussetzungen

legen, ob die angebotene Auflösung ausreicht. Professionelle Fachlabore digitalisieren auch einzelne Negative oder Dias nach Ihren Anforderungen.

Der Drucker

Bleibt noch der Drucker. So ein Ding ist manchmal sehr nützlich. Bei der Arbeit an einer Collage werden Sie feststellen, dass ein Motiv auf dem Monitor betrachtet völlig anders wirkt als ein Ausdruck. Dies hat vor allem zwei Gründe: Ein Monitorbild sendet Licht aus, es wirkt ähnlich wie ein Dia auch dann noch brillant, wenn es eine Spur zu kontrastarm oder zu dunkel ist. Der Druck dagegen ist gnadenlos. Er sendet selbst kein Licht aus, sondern reflektiert das vorhandene Umgebungslicht. Ein etwas zu dunkel geratener Druck wirkt auch dann noch dunkel, wenn Sie ihn in einer hellen Lichtquelle betrachten. Ein weiterer Grund für die unterschiedliche Wirkung ist die im Vergleich zum Druck geringe Auflösung des Monitors von 72 dpi. Sie nehmen das Bild immer nur mit dieser Auflösung wahr, die eventuell unsauber gearbeitete Details gnädig vertuscht. Wenn Sie an diese Details heranzoomen, bleibt Ihnen die gepfuschte Stelle zwar nicht mehr verborgen, doch dafür fehlt der Gesamteindruck des Bildes, da nur noch ein Teil davon sichtbar ist. Der Druck dagegen zeigt beides, nämlich das gesamte Bild in feiner Auflösung.

KAPITEL 2
Einige fotografische Grundlagen

2.1	Zeit-Blenden-Kombination	26
2.2	Brennweite	29
2.3	Licht	33
2.4	Farbtemperatur	36
2.5	Speicherformat	38

Kapitel 2
Einige fotografische Grundlagen

Dieses Kapitel soll ein paar Begriffe erläutern, mit denen Sie immer wieder konfrontiert werden. Manches kennen Sie sicher bereits, anderes wird Ihr Wissen erweitern.

2.1 Zeit-Blenden-Kombination

Der ersten Punkt, den ich hier beleuchten möchte, richtet sich ausschließlich an die Spiegelreflex-Fotografen, denn nur die haben die Möglichkeit, die technischen Parameter zu beeinflussen, von denen hier die Rede ist. Doch selbstverständlich würde ich mich freuen, wenn auch diejenigen unter Ihnen weiterlesen, die mit Sucherkameras arbeiten. Wissen bildet! Bei Betrachtung einer modernen Spiegelreflexkamera fallen einem schnell die vielen verschiedenen Belichtungsprogramme auf. Gab es noch vor einigen Jahren Halbautomaten, die zu einer manuell gewählten Blende die passende Zeit errechneten oder umgekehrt, folgten schon kurz darauf die Vollautomaten. Damit nicht genug, es wurden Sportprogramme entwickelt, die bei automatischer Steuerung von Blende und Zeit der kurzen Belichtungszeit und dafür weit geöffneter Blende den Vorrang gaben, dann folgten Programme für Portraits, Landschaften, Makroaufnahmen, Aufnahmen im Schnee und in der Dämmerung, und ich könnte noch eine ganze Menge mehr aufzählen. Verstehen Sie mich nicht falsch, diese Programme sind, jedes für sich betrachtet, durchdacht und haben sicherlich auch eine ganze Reihe von Fotografen glücklich gemacht. Doch wer erst einmal herausgefunden hat, wann er welches Programm einsetzen muss, was ja eine kurze Analyse der Aufnahmesituation voraussetzt, der kann's auch ohne.

Abbildung 2.1
Programmwahlschalter einer modernen Spiegelreflexkamera

2.1 Zeit-Blenden-Kombination

Ob Sie nun ein Programm Ihrer Spiegelreflexkamera benutzen (und falls ja, welches), bleibt völlig Ihnen überlassen. Eine kurze Abhandlung über den Zusammenhang von Belichtungszeit und Blendenwahl sollten Sie sich aber dennoch ansehen: Wir können jedem Helligkeitswert einen sogenannten Lichtwert zuordnen. Beispielsweise liegt der Lichtwert an einem durchschnittlichen Tag, sagen wir im März, gegen die Mittagszeit bei mittlerer Bewölkung ziemlich genau bei 12. Ein Sonnentag im Hochsommer bringt es schon mal auf 13,5 bis 14, während ein wolkenverhangener Regentag im November gerade mal den Lichtwert 8 schafft. Jedem Lichtwert können Sie eine Reihe von Zeit-Blenden-Kombinationen zuordnen, wie Tabelle 2.1 verdeutlicht:

Zeit (sek)	½	1/4	1/8	1/15	1/30	1/60	1/125	1/250	1/500
Blende	22	16	11	8	5,6	4	2,8	2	1,4
Lichtwert	10	10	10	10	10	10	10	10	10

Tabelle 2.1
Für denselben Helligkeitswert (Lichtwert) gibt es verschiedene Kombinationen von Zeit und Blende.

Gehen wir vom Lichtwert 10 aus: Sie können bei Blende 4 und 1/60 Sekunde fotografieren, eine ebenso korrekte Belichtung liefern jedoch die Kombinationen Blende 2 bei 1/250 Sekunde oder Blende 11 und 1/8 Sekunde. Welche die für Sie passende Kombination ist, können Sie an dieser kleinen Fotoreihe erkennen: Bei weit geöffneter Blende und kurzer Zeit wird das Hauptmotiv mit geringer Tiefenschärfe wiedergegeben; es ist scharf, während der Hintergrund unscharf bleibt. Je weiter die Blende geschlossen wird, desto länger muss die Belichtungszeit gewählt werden. Wird sie zu lang, passiert Fürchterliches: Sie verwackeln die Aufnahme. Da Sie allerdings im Gegensatz zu meinem kleinen Beispiel hier ein Stativ verwenden, fällt zumindest das Problem des Verwackelns flach.

Kapitel 2   Einige fotografische Grundlagen

Abbildung 2.2
Je weiter die Blende geschlossen wird, desto größer ist die Tiefenschärfe. Ist der Blendenwert zu groß und damit die Belichtungszeit zu lang, wird das Foto verwackelt.

Trotzdem sollten Sie mit allzu weit geschlossenen Blenden vorsichtig umgehen. Denn je weiter eine Blende geschlossen ist, desto eher gehen feine Details in der Aufnahme verloren. Dies liegt an einem Phänomen, das »Brechung« genannt wird. Beim Passieren der Blende lenken deren Lamellen das Licht etwas ab, es trifft also nicht nur auf die Stelle des Films, auf die es treffen sollte, sondern belichtet den Film außerdem in einem Umkreis von ein paar Hundertstel Millimetern. Dies führt trotz hoher Tiefenschärfe zu einem insgesamt leicht unscharfen Gesamteindruck, der auch mit dem Unscharf-maskieren-Filter von Photoshop allenfalls gemildert, aber nicht beseitigt werden kann. Bei Blende 11 wird das bereits spürbar, Blende 16 ist nur im Notfall zu benutzen und Blende 22 praktisch unbrauchbar.

2.2 Brennweite

Eine weitere wichtige Größe, die Wirkung einer Aufnahme zu beeinflussen, liegt in der Wahl der Brennweite. Zu unterscheiden sind Weitwinkel-, Normal- und Teleobjektiv.

Weitwinkelobjektive

Weitwinkelobjektive reichen vom extremen Fisheye, das oft einen Bildwinkel von 180° und mehr besitzt und demzufolge einen fast unnatürlichen Eindruck der Realität wiedergibt, bis hin zum 35-mm-Objektiv, das diesen Eindruck ebenfalls, aber in abgeschwächter Form vermittelt. Alles, was Sie im Sucher einer mit einem Weitwinkelobjektiv bestückten Kamera sehen, scheint mit zunehmender Entfernung überproportional schnell kleiner zu werden, etwa so, als blickten Sie verkehrt herum durch ein Fernglas.

Normalobjektive

Das Normalobjektiv reicht von etwa 45 mm bis 55 mm und vermittelt den gleichen perspektivischen Eindruck wie das menschliche Auge. Wenn Sie mit dem Normalobjektiv fotografieren, werden sämtliche Gegenstände im Bild in ihrer natürlichen Größenrelation zueinander abgebildet. Deswegen bevorzugen es viele Dokumentarfotografen, denen es mehr auf die Abbildung einer Situation oder eines Sachverhaltes als auf eine subjektive, dramatische Darstellung ankommt.

Teleobjektive

Das Teleobjektiv verfremdet ebenso wie das Weitwinkel die Darstellung, da es in einer dem Auge ungewohnten Art und Weise die Perspektive verdichtet. Die Abbildungen 2.3 bis 2.7 machen dies deutlich. Der Mülleimer wurde von verschiedenen Standpunkten aus mit unterschiedlichen Brennweiten jeweils in annähernd gleicher Größe fotografiert. Dennoch scheinen die Gebäude dahinter mit zunehmender Brennweite näher heranzurücken. Teleobjektive erfordern eine sehr genaue Handhabung der Schärfeeinstellung, da alles vor und hinter dem Bereich, auf den Sie fokussiert haben, unscharf wird. Das Kaufangebot von Teleobjektiven beginnt bei einer Brennweite von etwa 70 mm und reicht ungefähr bis zu 1200 mm.

Zoomobjektive

Zoomobjektive sind Objektive mit veränderbarer Brennweite. Es gibt sie sowohl im Weitwinkel- als auch im Telebereich (z.B. 17-24 mm oder 70-200 mm). Die meisten verkauften Zoomobjektive allerdings decken den Bereich vom leichten Weitwinkel bis zum leichten Telebereich ab, also beispielsweise von 28-80 mm. Die Vorteile liegen auf der Hand: Sie müssen nicht das Objektiv wechseln, wenn Sie sich für eine andere Brennweite entscheiden. Außerdem schleppen Sie an Stelle mehrerer Festbrennweiten nur ein Zoom mit sich herum. Der Nachteil ist schon schwieriger zu entdecken: Wenn Sie ein Zoomobjektiv einsetzen, geht das Gefühl für die passende Brennweite verloren oder wird gar nicht erst entwickelt, wenn man sich das Bild im Sucher einfach »zurechtzoomt«, anstatt den Abstand zum Objekt zu verändern. Wie unterschiedlich die Bildwirkung mit verschiedenen Brennweiten sein kann, erfahren Sie gleich.

Abbildung 2.3
Weitwinkel 14 mm

2.2 Brennweite

Abbildung 2.4
Brennweite 28 mm

Abbildung 2.5
Brennweite 50 mm. Dies entspricht recht genau dem Eindruck des menschlichen Auges, weswegen man auch vom Normalobjektiv spricht.

Kapitel 2
Einige fotografische Grundlagen

Abbildung 2.6
Brennweite 105 mm

Abbildung 2.7
Brennweite 200 mm.
(Teleobjektiv)

Übrigens: Wenn Sie den Aufnahmestandpunkt nicht wechseln, bleibt auch die Perspektive dieselbe, unabhängig von der Brennweite! Der einzige Unterschied besteht darin, dass Sie mit dem Weitwinkel eine Menge Umgebung mitfotografieren und mit einer langen Brennweite lediglich einen Ausschnitt derselben.

2.3 Licht

»Licht ist nicht alles, aber ohne das passende Licht ist alles nichts.« Zugegeben, der Spruch lautet etwas anders und außerdem ist er geklaut, doch beherzigen Sie ihn bitte trotzdem. Es gibt wenig Dinge, die Sie für eine Aufnahme festlegen müssen, die sich so entscheidend auf das Ergebnis auswirken wie das Licht. Nehmen wir ein Beispiel: Wenn Sie in eine Landschaftsaufnahme, die bei hellem Sonnenlicht fotografiert wurde, einen Gegenstand einbauen wollen, dann muss dieser in der gleichen Lichtsituation fotografiert worden sein. Ebenso verhält es sich natürlich mit diffusem Licht: Sie können zwei oder mehr Aufnahmen nur dann optisch glaubhaft montieren, wenn sie in einer ähnlichen Lichtstimmung aufgenommen wurden, beispielsweise bei wolkigem Himmel. Wenn Sie die Wahl haben, wie Sie etwas fotografieren, kann ich Ihnen empfehlen, die gesamte Collage mit diffusem Licht zu planen. Jedes Detail, das Sie einbauen wollen, braucht einen Schatten, der es im Bild optisch verankert. Diese Schatten müssen in Photoshop konstruiert werden, was bei diffusem Licht viel weniger Schwierigkeiten macht als bei direktem.

Die Auswirkungen auf die Darstellung eines Objektes können Sie am besten aus dieser kleinen Fotoreihe entnehmen. Zwar wurde die Spielfigur im Studio fotografiert, doch finden sich dieselben Beleuchtungssituationen auch in der freien Natur wieder: Die Sonne, die vom wolkenlosen Himmel strahlt, ergibt ein sehr hartes Licht mit scharfen, dunklen Schatten. Das funktioniert sogar nachts im Mondlicht, denn auch der Mond verursacht im Gegensatz zu vielen romantischen Überlieferungen kein sanft-weiches, sondern ein knallhartes Licht, da er, ebenso wie die Sonne, eine recht kleine, sehr weit entfernte Lichtquelle darstellt.

Kapitel 2
Einige fotografische Grundlagen

Abbildung 2.8
Beleuchtung mit hartem, also gerichtetem Licht.

Abbildung 2.9
Hartes Licht mit Aufhellung von links

2.3 Licht

Abbildung 2.10
Beleuchtung mit
weichem, diffusem Licht.

Abbildung 2.11
Weiches Licht mit
Aufhellung von links

Hinweis

Wenn Ihnen die Schattenseite eines Objektes zu dunkel erscheint, können Sie sie mit einer Styroporplatte aufhellen.

Kapitel 2
Einige fotografische Grundlagen

Grundsätzlich gelten folgende Regeln: Je kleiner eine Lichtquelle und je weiter sie vom zu fotografierenden Objekt entfernt ist, desto härter ist ihre Wirkung, desto härter sind also auch die Schatten, die das Objekt wirft. Je großflächiger die Lichtquelle und je näher sie sich am Objekt befindet, desto weicher wirken die Schatten.

2.4 Farbtemperatur

Eine andere Komponente des Lichts spielt ebenfalls eine Rolle. Das sichtbare Spektrum des Lichts, also genau jenes, das wir und unser Film wahrnehmen können, setzt sich aus dem Farbspektrum zusammen, das von dunklem Rot bis hin zu Violett reicht. Unterhalb dieses Spektrums sprechen wir von Wärmestrahlung, oberhalb davon von UV-Strahlung. Zwar spielen Wärme- und UV-Strahlung in der Fotografie eine gewisse Rolle, wirklich relevant ist dagegen lediglich das erwähnte sichtbare Spektrum. Sind alle Lichtfarben gleichmäßig verteilt wie beispielsweise bei Sonnenlicht um die Mittagszeit, sprechen wir von weißem Licht. Alle Farben werden so wahrgenommen, wie wir das gerne hätten, der Himmel ist blau, Wolken sind weiß und die gelben Blümchen unterscheiden sich farblich deutlich vom Grün der Wiese, auf der sie stehen.

Etwas anders sieht's dann schon bei künstlichem Licht aus, das von Glühlampen oder Leuchtstoffröhren ausgestrahlt wird. Unser Auge adaptiert sich an das veränderte Spektrum und stellt sich darauf ein, dass Glühlampen auf Grund ihres erhöhten Rotanteils gelb wirken und Leuchtstoffröhren, je nach Gasfüllung, einen grünlichen bis rötlichen Farbstich verursachen. Anders der Film: Eine Aufnahme, die mit Tageslichtfilm in einem ausschließlich von Glühlampen beleuchteten Raum gemacht wurde, wirkt gelbstichig. Dieser Gelbstich ist unter Umständen so stark, dass er nicht mehr nachträglich herauszufiltern ist. Selbst wenn man das hinbekommt, müssen dafür die Tonwerte der Aufnahme unnötig verringert werden, was schnell zu ausgefressenen Lichtern und Bildstellen ohne Zeichnung führt.

Analogfotografen können sich mit entsprechenden Glas- oder Gelatinefiltern behelfen, die es im Fachhandel für jede denkbare Lichtsituation zu kaufen gibt. Digitalfotografen können sich wesentlich eleganter aus der Affäre ziehen, indem sie die Farbtemperatur der Kamera auf die jeweilige Lichtfarbe einstellen. Fast alle Kameras besitzen einen automatischen Weißabgleich, der dies für Sie erledigt. Wenn Sie sich nicht auf die Automatik verlassen wollen und den Weißabgleich lieber selbst einstellen möchten, gibt es folgende Anhaltspunkte:

Kerzenlicht:	2800°K
Glühlampen:	3200°K-3700°K
Halogenlampen:	3800°K-4200°K
Tageslicht:	5500°K-6500°K
Blitzlicht:	6500°K

> **Tipp**
> Wenn Sie die verschiedenen Lichtquellen mit der dazu gehörenden Farbtemperatur nicht unbedingt auswendig lernen wollen, dann wählen Sie am besten im Kameramenü das entsprechende Symbol aus. Dies verhindert oder reduziert einen unangenehmen Farbstich im Bild.

2.4 Farbtemperatur

Gemessen wird die Farbtemperatur in Grad Kelvin (°K). Die technische Herleitung möchte ich Ihnen ersparen, ich hoffe, Mr. Kelvin wird mir das verzeihen.

Abbildung 2.12
Kameraeinstellung:
3700°K. Die Aufnahme wirkt unterkühlt.

Abbildung 2.13
Kameraeinstellung:
5500°K. Dies entspricht der tatsächlichen gemessenen Farbtemperatur.

Kapitel 2 — Einige fotografische Grundlagen

Abbildung 2.14
Kameraeinstellung: 10000°K. Die Farben wirken zu warm.

2.5 Speicherformat

Dieses Kapitel ist nur für die Digitalfotografen interessant, da es sich mit digitalen Speicherformaten befasst. Üblicherweise sind drei verschiedene Formate wählbar, jedes von ihnen hat gewisse Vor- und Nachteile, aber mit allen dreien kann man gute Resultate erzielen.

1. jpg

Das jpg-Format ist das am weitesten verbreitete Format für Bilddateien. Es erlaubt eine Komprimierung der Daten, die allerdings ihren Preis hat: Je stärker komprimiert wird, desto schlechter ist nach der Dekomprimierung die Bildqualität. Natürlich lassen sich dafür auch um so mehr Bilder auf der Speicherkarte der Kamera sammeln, bevor sie voll ist. Bedenken Sie bitte nur, dass eine zu hohe jpg-Komprimierung zuallererst die Details vernichtet; dies könnte zur Unbrauchbarkeit der Aufnahme führen.

2.5 Speicherformat

Abbildung 2.15
Eine geringe Komprimierungsstufe von jpg-Dateien führt zu brauchbaren Bildergebnissen, auch wenn die Dynamik einer in tif konvertierten raw-Datei nicht ganz erreicht wird.

Abbildung 2.16
Eine zu starke Komprimierungsstufe der jpg-Datei führt zu völlig unbrauchbaren Ergebnissen. Solche Dateien dienen ausschließlich dem Informationsaustausch, sind aber für Montagen nicht geeignet.

Kapitel 2
Einige fotografische Grundlagen

Also: Wenn Sie das jpg-Format verwenden, sollten Sie die geringste Komprimierungsstufe im Menü der Kamera auswählen. Sollte die Kapazität Ihrer Speicherkarte zu gering sein, besorgen Sie sich einfach eine zweite oder besser noch eine größere.

2. tif

Manche Kameras bieten an, das Bild im tif-Format zu speichern. Dies führt einerseits zu unkomprimierten Bilddateien, die alle Details so wiedergeben, wie man sich das wünscht, aber andererseits auch dazu, dass Sie nur recht wenige Aufnahmen auf der Karte unterbringen können. Natürlich können Sie sich immer dadurch behelfen, dass Sie sich mit genügend und ausreichend großen Speicherkarten eindecken. Oder s e benutzen, sofern Ihre Kamera dies zulässt, das sogenannte raw-Format.

3. raw

> **Tipp**
>
> Wenn Ihre Kamera das Dateiformat raw anbietet, sollten Sie es nutzen. Es macht zwar mehr Arbeit als ein fix- und fertiges jpg, liefert aber auch die allerbeste Bildqualität.

In letzter Zeit werden in vielen Fachzeitschriften und Internetforen Diskussionen über das Thema raw-Datei geführt. Dies kommt vor allem daher, dass digitale Spiegelreflexkameras, die dieses ominöse Format anbieten, immer erschwinglicher werden und folglich nicht mehr ausschließlich von Profis, sondern auch von Amateuren genutzt werden. Natürlich stellt es für den Fotografen einen höheren Aufwand dar, sich mit der Konvertierung von raw nach tif oder jpg zu beschäftigen, doch wird er mit der allerfeinsten Qualität belohnt, die die Kamera liefern kann. Wie die Abkürzung schon anklingen lässt, werden raw-Daten im Rohformat gespeichert. Es werden einfach die unbearbeiteten Daten so gespeichert, wie die Kamera sie liefert, also praktisch die »rohe« Information jedes einzelnen Bildpunktes auf Ihrem Aufnahmechip. Diese Aufnahmen können, wie jpg- und tif-Bilder auch, auf dem Kameramonitor betrachtet werden, müssen aber zur Betrachtung in Photoshop vorher regelrecht entwickelt werden. Das Programm unterstützt eine Vielzahl von raw-Daten, die von Kamera zu Kamera unterschiedlich sind, außerdem wird die Palette der unterstützten Kameras ständig erweitert. Das entsprechende Plug-In können Sie bei Bedarf von der Adobe-Seite herunterladen. Natürlich können Sie die Bilder auch mit der herstellereigenen Software in lesbare Formate wie tif oder jpg konvertieren, die sie mit Ihrer Kamera erworben haben.

Egal welchen Weg Sie zur Entwicklung gehen möchten, das Foto wird anschließend als 8-bit oder 16-bit tif auf der Festplatte abgelegt. Mehr Informationen zum Thema Farbtiefe erhalten Sie im Kapitel »Grundlagen Photoshop«. Die Vorteile von raw liegen auf der Hand: Neben dem verhältnismäßig geringen Speicherplatz, den eine raw-Datei benötigt, besitzt ein aus einer raw-Datei konvertiertes tif eine höhere Dynamik. Es hat also in Lichtern und Schatten mehr Zeichnung als das jpg. Das in einer Voransicht gezeigte Bild kann in weiten Grenzen noch verändert werden, ohne dass es zu einem Verlust der Tonwerte kommt. Ist Ihre Aufnahme zum Beispiel zu dunkel, kann sie noch um bis zu zwei Blendenwerte korrigiert werden. Auch Farbstiche können ausgeglichen werden, wenn sie nicht gar zu heftig s nd, um auf diese Weise ein farb-

2.5 Speicherformat

neutrales Bild zu erhalten, das keinerlei Zeichnungsverluste in Lichtern oder Schatten aufweist.

Abbildung 2.17
Der raw-Dialog von Photoshop CS2 bietet eine Reihe von Möglichkeiten, das Bild nach der Aufnahme zu optimieren. Grundsätzlich gilt aber, dass Belichtung und Farbtemperatur bereits bei der Aufnahme möglichst der Lichtsituation angepasst werden sollten.

Abbildung 2.18
Sie können wählen, ob Sie die Tonwerte der Datei selbst korrigieren wollen oder die Korrekturen Photoshop überlassen.

Kapitel 2 — Einige fotografische Grundlagen

Abbildung 2.19
Dieser Dialog gibt Ihnen die Möglichkeit, Objektivfehler zu minimieren.

Ein gutes Foto entsteht zuerst im Kopf!

Zum Abschluss dieses Kapitels möchte ich Sie gerne noch auf ein Phänomen hinweisen, das viele Digitalfotografen betrifft, sowohl Profis als auch Amateure, oft ohne dass sie sich dessen bewusst sind. Wie wir wissen, kostet ein digital aufgenommenes Foto erst mal kein Geld. Abgesehen von der Anschaffung der Kamera und dem Computer zur Weiterverarbeitung kann man so oft auf den Auslöser drücken, wie man möchte; schließlich fallen keinerlei Entwicklungskosten an, die man für gute wie für schlechte Bilder berappen muss. Dies führt dazu, dass viele Fotografen das Sehen verlernen oder gar nicht erst erlernen. Natürlich kann man eine misslungene Aufnahme sofort wieder löschen, um sie fehlerfrei zu wiederholen, auch kann man Varianten eines Motivs fotografieren, ohne gleich über die Kosten für Filmentwicklung oder Vergrößerungen nachdenken zu müssen. Dennoch entsteht eine gute Aufnahme zuallererst im Kopf. Nur wenn Sie eine Vorstellung dessen entwickeln können, was Sie fotografieren wollen, erhalten Sie aussagekräftige Fotos! Es ergibt wenig Sinn, sich an ein Objekt oder eine Person »heranzufotografieren«, also von der grob eingeschätzten Aufnahmesituation möglichst viele Fotos zu schießen, um sich zu Hause am Rechner die besten auszusuchen. Vom Zeitaufwand ganz abgesehen, bedeutet dies, die beste aus lauter mittelmäßigen Aufnahmen auszusuchen. Hätte man dagegen vor der Aufnahme überlegt, was wichtig ist und worauf es bei dem Bild denn eigentlich ankommt, wäre vermutlich ein sehr viel befriedigenderes Ergebnis dabei herausgekommen. Machen Sie sich die Mühe lieber vor der Aufnahme als hinterher. Sie werden feststellen, dass sie sich lohnt.

KAPITEL 3
Einige Grundlagen in Photoshop

3.1	Ein bisschen Pixelphilosophie ...	44
3.2	Freistellen	45
3.3	Anpassung von Kontrast, Farbe und Struktur	49
3.4	Organisation	56

Kapitel 3
Einige Grundlagen in Photoshop

Photoshop CS2 ist ein wahres Megatool. Es stellt nicht nur eine Unzahl von verschiedenen Einzelwerkzeugen zur Verfügung, sondern erlaubt auch noch viele verschiedene Arbeitsweisen, um das angestrebte Ziel zu erreichen. Im folgenden Kapitel werden deshalb nur Werkzeuge beschrieben, die für die Erarbeitung von Bildmontagen unbedingt benötigt werden. Obwohl die Kenntnis dieser Werkzeuge nützlich ist, können Sie sich natürlich im Einzelfall für ein anderes als das vorgeschlagene Werkzeug entscheiden.

3.1 Ein bisschen Pixelphilosophie ...

Das Konstruieren von Montagen in Photoshop hat sehr viel mit dem Freistellen, Zusammenfügen und farblichen Anpassen von Einzelaufnahmen zu tun, welche, wenn alles gut geht, als eine wie aus einem Guss entstandene Collage wirken. Im nun folgenden Kapitel möchte ich gerne die für unsere Zwecke wichtigen Werkzeuge benennen und deren Anwendungsgebiet kurz aufzeigen. Es geht mir dabei keinesfalls darum, eine vollständige Aufzählung sämtlicher Werkzeuge zu präsentieren. Wenn Sie die hier beschriebenen Anleitungen vertiefen möchten, empfehle ich Ihnen rein technische Literatur zum Thema Photoshop. Mir geht es nur darum, die Werkzeuge zu besprechen, die für unseren Zweck immer wieder gebraucht werden und ohne die wir auch nicht auskommen können. Denn dass Photoshop, besonders in seiner aktuellen Version CS2 ein mächtiges Werkzeug ist, wissen Sie sicherlich bereits. Viele der in Teil 2 dieses Buches vorgestellten Workshops könnten bei prinzipiell gleicher Vorgehensweise jedoch auch mit ganz anderen Werkzeugen erarbeitet werden. Der eine hat seine Vorliebe für Ebenenmasken entdeckt, während der andere lieber eine Sicherungskopie der Ebene anlegt, doch beide User könnten, wenn sie mit einem Arbeitsschritt unzufrieden sind, zum Ausgangspunkt zurückkehren. Allein die Kombination der verschiedenen Freistellwerkzeuge untereinander fordert neben der genauen Kenntnis der Vor- und Nachteile der einzelnen Tools die Entwicklung einer eigenen Arbeitsweise.

Seien Sie neugierig! Wenn Sie virtuos mit dem Pfadwerkzeug hantieren können und vielleicht dennoch ab und zu das Lasso schwingen, wagen Sie sich trotzdem an Tools heran, die Sie noch nicht kennen. Es könnte sein, dass Sie sie nicht mehr missen möchten.

Seien Sie geduldig! Viele Arbeitsschritte lassen sich relativ leicht und unproblematisch lösen und liefern auch ein ganz hübsches Ergebnis. Doch sind Sie sicher, dass es nicht noch besser geht? Vergessen Sie nie, dass erst die Summe der vielen Details, die Sie in ein Werk integrieren, dazu führt, dass es seine verblüffende Wirkung entfalten kann. Arbeiten Sie so genau wie möglich!

Und: Seien Sie sparsam. Gehen Sie mit Filtern sehr sorgfältig und sparsam um. Ich weiß, wie verdammt groß die Versuchung sein kann, einen Blendenfleck in ein Bild zu bauen; erstens ist's schnell gemacht und zweitens entfaltet es auf den ersten Blick eine imposante Wirkung. Doch jeder, der länger als 10 Minuten vor Photoshop sitzt, kennt den Filter, der sich darüber hinaus durch

3.2 Freistellen

seine Perfektion in der Darstellung als vorgefertigter Filter verrät. Manche Filter sind geradezu lebensnotwendig – was könnte man schon ohne eine Unschärfe-Maskierung oder das Gegenteil, den Gaußschen Weichzeichner überhaupt anfangen! Wieder andere tragen kryptische Namen wie beispielsweise der »Ozeanwellen«-Filter, der Gutes bewirken kann, aber eigentlich nichts mit Ozeanwellen zu tun hat. Kurz gesagt: Gehen Sie mit dem Filtermenü sorgsam um und überlegen Sie vorher gründlich, ob Sie diesen oder jenen Filter wirklich brauchen.

Zum Importieren von Scans muss ich noch ein paar Gedanken loswerden: Normalerweise durchläuft ein digitales Foto direkt nach dem Scan eine gewisse Routine, um die wesentlichen Dinge wie Schärfe, Farbgebung und Kontrast so zu verändern, dass wir nicht mehr von einem Rohscan sprechen müssen, sondern das ganze als eine Bilddatei betrachten dürfen. Außerdem muss fast jeder Scan ausgefleckt werden, feinste Kratzer entfernt oder andere Bildretuschen vorgenommen werden. Das einzig Sinnvolle, was Sie nach dem Scan tun sollten, ist eine Ausfleck-Retusche, also das Beseitigen von Dreck, Staub und anderem Unrat aus der Datei. Selbstverständlich sollten Sie bereits vor dem Scan darauf achten, dass Negativ oder Dia möglichst sauber in den Scanner gelangt, doch ein bisschen Dreck ist fast immer dabei, also weg damit. Um die anderen Korrekturen, also Schärfe, Farbe und Kontrast müssen Sie sich erst dann kümmern, wenn Sie die Datei in eine bereits existierende Vorlage eingebaut haben. Es wäre wenig sinnvoll, einen gelben Farbstich nach dem Scannen zu entfernen, um anschließend festzustellen, dass Sie ihn wieder brauchen. Auch die Schärfe eines Fotos ist eine relative Sache, da wir einen harmonischen Gesamteindruck anstreben und keine Einzelfotos von unterschiedlicher Qualität. Verfahren Sie einfach nach dem Motto »Weniger ist mehr« und korrigieren Sie erst, wenn Sie genau wissen, was.

3.2 Freistellen

- **Der Zauberstab**
  Dieses Werkzeug für die schnelle Retusche zwischendurch hat eine Menge Charme, kann es doch recht flott Bildteile auswählen, die sich in ihren Helligkeitswerten deutlich von der Umgebung unterscheiden, vorausgesetzt, man hat einen adäquaten Toleranzwert gewählt. Bei hohem Kontrast und scharfen Konturen funktioniert er ganz gut, dennoch stehe ich dem Ding etwas skeptisch gegenüber, weil ich nie genau weiß, welche Übergangspixel er mit in die Auswahl einbezieht und welche nicht. Fazit: Das Werkzeug für die schnelle Auswahl, doch nicht besonders genau.

- **Das Pfadwerkzeug**
  Schon besser, mit dem Pfad lässt sich etwas anfangen. Kein Werkzeug ist besser geeignet, um klare, technische Umrisse freizustellen. Auch Kurven, Ellipsen oder sphärische Formen sind schnell und sehr präzise mit Hilfe der Bézierkurven zu erfassen.

Kapitel 3

Einige Grundlagen in Photoshop

Außerdem benötigt ein Pfad, verglichen mit einem Alpha-Kanal, praktisch keinerlei Speicherkapazität. Dafür kann man auch nicht direkt etwas mit ihm anfangen: Er muss erst in eine Auswahl umgewandelt werden, bevor er auf das Bild anwendbar ist.

- Die Lassos

Das Lasso tritt in drei Varianten auf: als normales Lasso, als Polygonlasso und als magnetisches Lasso.

Das normale Lasso eignet sich kaum zum Freistellen oder Auswählen eines Bildteils, da sich weder exakte Geraden noch genaue Kurven damit ziehen lassen. Betrachten Sie's als kleinen Helfer, dem man besser nicht zuviel zutraut.

Das Polygonlasso ist für kleinere Arbeiten schon eher brauchbar. Doch Vorsicht: Es lässt sich per Doppelklick schließen, und manchmal passiert es, dass die Punkte etwas zu flott hintereinander gesetzt werden, so dass sich das Ding einfach schließt und man von vorne beginnen kann. Verwenden Sie es wirklich nur in Ausnahmefällen, wenn Sie nicht mehr als ein paar Klicks benötigen, um eine Fläche auszuwählen.

Das Magnetlasso: Eine gefährliche Angelegenheit. Bei klar voneinander getrennten Konturen kann man zügig damit arbeiten, doch wehe, Sie geraten an eine Stelle mit geringem Kontrast, da fängt das gute Stück an, ganz schön herumzueiern, findet keine Konturen mehr und fabriziert seine eigene Version einer Auswahl. Reparieren müssen den Schaden dann Sie, also schauen Sie sich das Objekt, das Sie freistellen wollen, vorher gut an. Setzen Sie das Magnetlasso nur dort ein, wo ein starker Kontrast zwischen freizustellendem Objekt und dessen Umgebung gegeben ist.

- Die Maskierung

Eigentlich ist der Maskierungsmodus kein Werkzeug, sondern wie der Name schon sagt, ein Modus. Gemeinsam mit dem Werkzeugspitzenwerkzeug können Sie jedoch wunderbar abgestufte Masken auftragen, die dann auch je nach ihrer Intensität mehr oder weniger stark wirksam werden, wenn sie in eine Auswahl verwandelt worden sind. Ich verwende oftmals sehr viel Zeit darauf, solche Masken zu bauen und sie dann in einem Alphakanal zu speichern, denn kein anderes Werkzeug erlaubt ein so feines Arbeiten mit unterschiedlicher Deckkraft wie die Kombination aus Werkzeugspitze und Maskierungsmodus. Wenn Sie vom Maskierungsmodus zurück in den Normalmodus gewechselt haben und Ihr Monitor sich in ein Gewirr von ameisengleichen schwarz-weißen Linien verwandelt hat, dann lassen Sie sich bloß nicht verwirren: Die Maske wirkt in ihrer Anwendung genau so, wie Sie sie angelegt haben, mit all ihren Abstufungen, und nicht nur innerhalb der von den schwarz-weißen Linien eingeschlossenen Flächen! Wenn diese Linien Sie irritieren, machen Sie sie

3.2 Freistellen

einfach unsichtbar durch die Tastenkombination ⌘+H oder Strg+H, sie wird dennoch wirksam bleiben. Aber vergessen Sie bitte nicht, diese Auswahl auch wieder zu löschen.

▸ Das Extrahierenwerkzeug

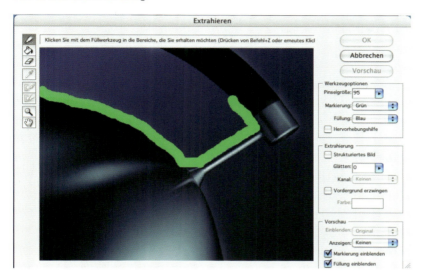

Ein wahrer Meister unter den Freistellwerkzeugen. Fast alles, was noch bis vor einigen Jahren als kaum oder nur mit sehr hohem Aufwand freizustellen war, schafft das Extrahierenwerkzeug mit fast intelligent zu nennender Präzision. Haare, Fell, feine Blattstrukturen, all diese Dinge können damit erledigt werden. Damit Sie jedoch nicht auf der Stelle in jubelnde Euphorie ausbrechen, gibt es zwei kleine Einschränkungen: Die erste können Sie sich sicherlich bereits denken: Auch das Extrahierenwerkzeug arbeitet nur dann wirklich gut, wenn Sie sich für die Bearbeitung der freizustellenden Kontur viel Zeit nehmen, also mit entsprechend kleiner Pinselspitze arbeiten. Nichts für den schnellen Erfolg! Zweitens hinterlässt ein Arbeitsgang mit diesem Wunderding oft unschöne Konturen, die entweder zu scharf sind oder vom Hauptmotiv abgetrennte Pixel hinterlassen. Dies ist jedoch nicht weiter schlimm, wenn Sie die Konturen daraufhin prüfen und mit dem Weichzeichnenwerkzeug und dem Radierer etwas nacharbeiten.

Tipp

Spezialist für viele knifflige Aufgaben: Das Extrahierenwerkzeug. Verwenden Sie möglichst kleine Werkzeugspitzen, dann wird die Freistellung sauberer, auch wenn es mehr Arbeit macht.

▸ Feinschliff durch weiche Auswahlkante

Ein paar Sätze noch zum weiteren Vorgehen, nachdem Sie die Auswahl getroffen haben: Zwar wollen wir in fast jedem Fall scharfe Bilder und Montagen erzeugen, wenn beispielsweise ein Auto auf eine Straße montiert wird, die vorher leer war. Dennoch sollten Sie jeder Auswahl, bevor Sie sie endgültig aus dem Ursprungsfoto heraustrennen, eine weiche Auswahlkante von 0,5 oder 1 Pixel verpassen, je nachdem, wie scharf die Konturen der anderen Gegenstände sind. Denn jede Kontur in einem Digitalfoto

Kapitel 3
Einige Grundlagen in Photoshop

besitzt Übergangspixel, also Pixel, deren Farbton und Helligkeitswert genau zwischen dem Farbton der beiden ane nandergrenzenden Flächen angesiedelt ist. Durch eine weiche Auswahlkante erzeugen Sie diese Pixel, so dass sich der ausgeschnittene Bildteil wesentlich besser in seine neue Umgebung fügt als bei gestochen scharfen, aber unnatürlichen Konturen.

Abbildung 3.1
Die obere Kante der Zitrone wirkt unnatürlich scharf, während die untere mit den weichen Konturen der Zitronenpresse harmoniert.

3.3 Anpassung von Kontrast, Farbe und Struktur

Der nächste Schritt zur Anpassung verschiedener Dateien ist die Korrektur von Helligkeit, Kontrast, Farbe, Sättigung und Struktur. Photoshop bietet zur Steuerung der genannten Dinge eine ganze Palette von Ansätzen. Beginnen wir mit der Veränderung von Helligkeit und Bildkontrast.

Tonwertkorrektur

Mit der Tonwertkorrektur, zu finden unter BILD-ANPASSEN-TONWERTKORREKTUR, kann man eine ganze Menge anfangen. Wenn Ihnen dieses Werkzeug noch etwas suspekt sein sollte, dann legen Sie doch einfach eine neue Einstellungsebene an. Sie finden sie im Menü EBENEN-NEUE EINSTELLUNGSEBENE-TONWERTKORREKTUR. Sollten Sie im Verlaufe der weiteren Korrekturen feststellen, dass Ihre Tonwertkorrektur nicht ganz so glücklich verlief, wie Sie dachten, löschen Sie die Einstellungsebene einfach und korrigieren erneut.

> **Tipp**
> Da die Tonwertkorrektur zu den Dialogboxen gehört, die Sie am häufigsten brauchen werden, lohnt es sich, den Kurzbefehl ⌘+L bzw. Strg+L zu verinnerlichen.

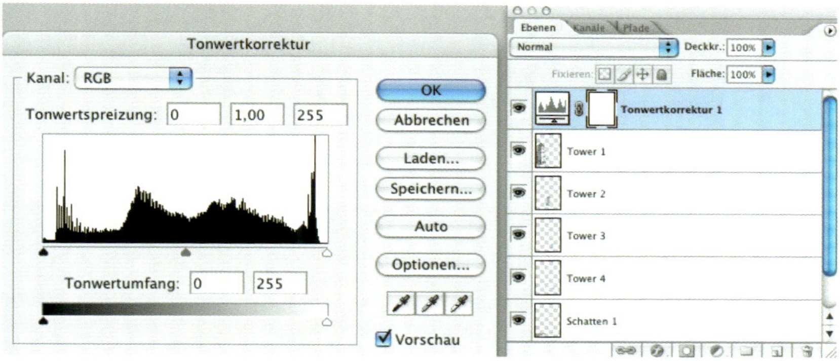

Abbildung 3.2
Die Einstellungsebene wird als Symbol links neben dem Thumbnail angezeigt.

Als alter Hase sparen Sie sich diesen Speicherfresser natürlich und korrigieren ohne Netz und doppelten Boden direkt per Tonwertkorrekturen-Dialog. Versuchen Sie, soweit wie möglich mit dem mittleren Regler zu kommen, um die Helligkeit anzugleichen. Ist Ihnen dieses gelungen, schauen Sie sich den Kontrast an: Zu geringer Kontrast wird durch das Verschieben der beiden Regler direkt unterhalb des Histogramms vorgenommen, während zu hoher Kontrast mit den Reglern unterhalb des Verlaufsbalkens angepasst wird. Spielen Sie ein bisschen mit den Reglern, schalten Sie mehrfach die Vorschau ein und wieder aus, um sich des Unterschiedes bewusst zu werden.

Natürlich könnten Sie auch die Dialogbox HELLIGKEIT-KONTRAST öffnen, was auf den ersten Blick einfacher erscheint. Es kann jedoch sehr leicht passieren, dass wichtige Tonwerte im Pixel-Nirwana landen. Müssen Sie beispielsweise den Kontrast einer Ebene verringern, weil sie sich nahe am Horizont einer

Landschaft verbindet und deswegen dunstig wirken soll, dann können Sie dies auch dadurch schaffen, dass Sie im Tonwertkorrekturdialog die dunklen Tonwerte entfernen, die hellen aber stehen lassen. Auch dies funktioniert mit einer gezielten Tonwertkorrektur besser, weil Sie sehen können, auf welche Werte Sie verzichten und welche stehen bleiben. Dennoch werden Sie sehen, dass im Workshopteil dieses Buches der HELLIGKEIT-KONTRAST-Dialog ab und zu zum Einsatz kommt, jedoch nur da, wo kein größerer Schaden angerichtet werden kann.

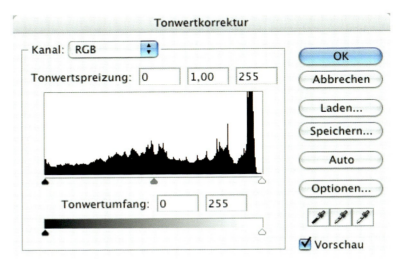

Abbildung 3.3
Über die Tonwertkorrektur können Helligkeit, Kontrast und Farbgebung beeinflusst werden.

Farbänderung per Tonwertkorrektur

Beim Umgang mit Farben bietet Photoshop viele Möglichkeiten, einen Farbstich zu entfernen, Farben anzugleichen oder auch etwas umzufärben. Genau das müssen Sie zuallererst entscheiden, nämlich ob Sie die Farbe grundsätzlich ändern wollen, beispielsweise von sattem Grün zu einem dunklen Rot, oder ob Sie lediglich leichte Korrekturen vornehmen möchten, was aller Wahrscheinlichkeit nach wesentlich häufiger passiert als eine komplette Farbveränderung.

Bleiben wir noch kurz im Dialog »Tonwertkorrektur«. Natürlich können Sie nicht nur alle drei Kanäle zusammen beeinflussen, sondern auch jeden einzeln anwählen. Dazu wählen Sie als Kanal rot, grün oder blau aus. Durch Verschieben des mittleren Reglers unterhalb des Histogramms entfernen Sie leichte Farbstiche. Hat Ihre zu korrigierende Datei einen Gelbstich, verschieben Sie einfach den mittleren Regler des Blaukanals in Richtung blau. Sind gelb und blau gegeneinander abgeglichen, bemerken Sie möglicherweise einen Magentastich, den Sie auf die gleiche Weise wie eben beschrieben im Grünkanal entfernen.

3.3 Anpassung von Kontrast, Farbe und Struktur

Farbe angleichen

Im Menü BILD-ANPASSEN-GLEICHE FARBE greift Ihnen Photoshop hilfreich unter die Arme, indem es einen Vorschlag zur Farbkorrektur unterbreitet, den Sie selbstverständlich beeinflussen können, wenn Sie anderer Meinung sind als das Programm. Sie haben die Möglichkeit, zwei Ebenen oder auch zwei unterschiedliche Dateien farblich anzugleichen. Das brauchen Sie zum Beispiel dann, wenn zwei Fotos in verschiedenfarbigem Licht aufgenommen worden sind. Als »Quelle« aktivieren Sie diejenige Ebene, die Sie korrigieren möchten, und als »Ebene« das farbliche Vorbild. Betrachten Sie nun die Vorschau und überlegen Sie, ob Sie noch eine Feinabstimmung benötigen. Diese nehmen Sie über den Luminanz-Regler vor, der die Helligkeit steuert, und über den Farbintensitätsregler, der die Farbsättigung beeinflusst. Der Verblassen-Regler verringert beide Einstellungen wieder, und zwar genau in dem Maße, in dem Sie es wünschen. Tolles Werkzeug, finden Sie nicht? Wenn Sie AUSGLEICHEN aktivieren, werden übrigens lediglich die Helligkeitswerte der gewählten Ebenen angeglichen, für den Fall, dass Sie an der Farbe nichts ändern wollen.

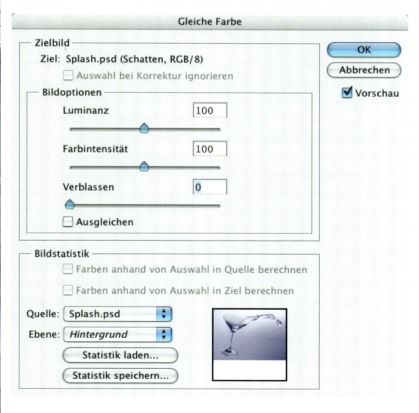

Abbildung 3.4
Über das Menü GLEICHE FARBE können unterschiedliche Dateien oder Ebenen einander farblich angepasst werden.

Kapitel 3
Einige Grundlagen in Photoshop

Farbbalance

> **Tipp**
>
> In den meisten Fällen ist es sinnvoll, lediglich die Mitteltöne des Bildes farblich zu beeinflussen.

Der Menüpunkt BILD-ANPASSEN-FARBBALANCE ist eine weitere Möglichkeit, die Farbe einer Ebene oder Datei zu beeinflussen. Ich würde diesen Dialog aber nur dann benutzen, wenn es nicht darum geht, eine Farbe mit einer anderen abzugleichen, sondern wenn Sie in Ihrer Entscheidung frei sind, also beispielsweise dann, wenn Sie einem wolkenverhangenen Himmel entweder ein bedrohliches Gewitterblau oder vielleicht lieber einen schwefelgelben apokalyptischen Touch geben wollen.

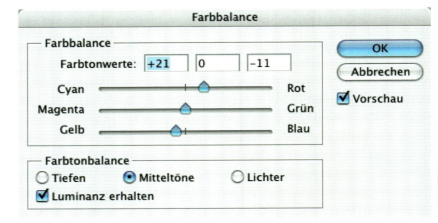

Abbildung 3.5
Nach einer Farbänderung über diese Dialogbox ist es häufig notwendig, die nebenbei entstandene Farbsättigung wieder etwas zu reduzieren.

Farbton/Sättigung

Zum Schluss möchte ich noch das Menü FARBTON/SÄTTIGUNG erwähnen, das Sie ebenfalls über BILD-ANPASSEN erreichen können. Das Ding benötigen Sie in zwei Fällen: Entweder arbeiten Sie nicht besonders gerne mit dem Dialog GLEICHE FARBE, der Ihnen die Möglichkeit gibt, die Sättigung einer Ebene zu beeinflussen. Dann können Sie dies über FARBTON/SÄTTIGUNG erreichen, und unterschätzen Sie bloß nicht, wie oft man das braucht. Vielleicht kennen Sie dieses Gefühl, an einem Farbton zu arbeiten, ihn von Rot nach Cyan, von Grün nach Magenta zu manövrieren, und trotzdem passt er einfach nicht. Möglicherweise müssen Sie lediglich Sättigung und Helligkeit verändern. Bedenken Sie dabei, dass Sie Farben wie Olivgrün oder Bordeauxrot einfach durch die Verringerung von Sättigung und Helligkeit bei Grün bzw. Rot erzeugen. Probieren Sie's mal!

Struktur

Jedes fotografische Bild besitzt eine Grundstruktur, die bei ausreichender Vergrößerung des Bildes in Erscheinung tritt. Bei analogen Aufnahmen spricht man vom sogenannten »Korn«, womit die einzelnen Silberkörnchen bzw.

3.3 Anpassung von Kontrast, Farbe und Struktur

Farbpartikel gemeint sind, aus denen sich das Bild aufbaut. Da ein digitales Bild sich nicht aus Farben, sondern elektrischen Ladungen aufbaut, spricht man hier vom »Rauschen« des Bildes, was aber dem Korn des Analogfotos entspricht. Es nimmt zu, je höher die Empfindlichkeit ist, mit der Sie fotografieren, genau so wie die Größe des Korns zunimmt, wenn analog fotografiert wird.

Abbildung 3.6
Kornstruktur eines Fotos. Sie wird von den Farb- oder Silberkörnern der Filmemulsion bzw. vom Rauschverhalten des Aufnahmechips verursacht.

Falls Sie nun feststellen, dass die Ebene, über die Sie den soeben ausgeschnittenen Bildteil legen, eine andere Kornstruktur oder ein unterschiedliches Rauschen besitzt, müssen Sie den STÖRUNGEN HINZUFÜGEN-Filter aus Photoshops Filtermenü bemühen. Empfehlenswert ist es, den kleineren Bildteil, also wahrscheinlich das Bild, das Sie gerade freigestellt haben, mit den Störungen zu versehen, denn schließlich bedeutet dies eine Verschlechterung der Bildqualität. Doch für den Gesamteindruck ist dieser Schritt unerlässlich. Nur eine Collage, deren Qualität durchgehend die gleiche ist, wird als Gesamtwerk wahrgenommen werden.

Kapitel 3 Einige Grundlagen in Photoshop

Abbildung 3.7
Durch das Hinzufügen von Störungen können Bildteile mit unterschiedlich starkem Rauschverhalten aufeinander abgestimmt werden.

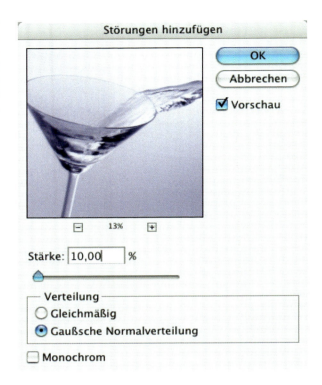

Der Störungsfilter allein ist jedoch nur die halbe Miete. Zwar baut er wunderschöne Störungen ein, doch wirklich echt wirken diese erst, wenn Sie sie mit dem Gaußschen Weichzeichner behandelt haben. Dazu genügt es, die Ebene, die Sie gerade »verstört« haben, mit einem Radius von 0,1 bis 0,3 Pixeln weichzuzeichnen. Welchen Wert Sie nehmen müssen, hängt von der Umgebung ab, in die das neue Bildteil integriert werden soll. Möglicherweise werden Sie nach dem Weichzeichnen feststellen, dass die Störungen ein wenig zu stark ausgefallen sind, da der Weichzeichner sie durch das Ineinanderfließen größer erscheinen lässt. In diesem Fall sollten Sie im Protokoll die letzten beiden Schritte löschen und wiederholen.

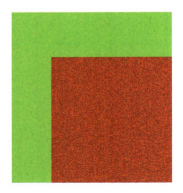

54 PHOTOSHOP CS2

3.3 Anpassung von Kontrast, Farbe und Struktur

Abbildung 3.8
Erst das Weichzeichnen mit dem Gaußschen Weichzeichner stimmt beide Farbflächen aufeinander ab.

Wenn Sie ein im Vergleich zum Gesamtbild kleines Detail einbauen, dessen Rauschen zu schwach ausgeprägt ist, wäre es nicht sonderlich clever, dem Gesamtbild das gleiche Korn zu verpassen wie das der kleinen Datei. Dennoch sollten man auch bei Kleinigkeiten immer bemüht sein, die Strukturen einander anzupassen, weswegen ich in diesem Fall den STAUB-UND-KRATZER-ENTFERNEN-Filter einsetzen würde. Der vernichtet mit den Störungen leider auch alle Details, man sollte dieses Filterchen also nur bei wirklich kleinen Flächen anwenden.

Tipp
Zur Entfernung von Bildkorn oder Bildrauschen eignet sich der Filter STAUB-UND-KRATZER-ENTFERNEN am besten, da er die Festlegung eines Schwellenwertes erlaubt.

COMPOSING & MONTAGE **55**

Kapitel 3
Einige Grundlagen in Photoshop

3.4 Organisation

Desktop

Natürlich verstehe ich, dass man seinen Schreibtischhintergrund ganz gerne ein bisschen gestaltet, das gibt der digitalen Kiste eine persönliche Note und sieht im besten Falle auch noch gut aus. Dennoch würde ich Ihnen empfehlen, als Desktop ein nicht allzu buntes Bild anzulegen, damit Sie nicht von der vielen Farbe drum herum abgelenkt werden. Sofern Sie nicht permanent im ohnehin grauen Fullscreenmodus arbeiten, halte ich dies für eine wesentliche Arbeitserleichterung. Apropos Arbeitserleichterung:

Ebenengruppen

Was mich immer wieder überrascht, ist die Tatsache, dass ich viele Photoshop-User in Erstaunen versetzen kann, wenn ich Auskunft über die Anzahl der Ebenen gebe, aus denen eine Datei besteht. Das können schon mal 70 oder 80 sein, doch für den einen oder anderen scheint sich das so anzuhören, als wäre man in der Lage, auf einem Bein stehend mit 70 oder 80 brennenden Fackeln zu jonglieren. Zugegeben, das wäre ich gerne, doch eigentlich genügen mir meine Ebenen vollkommen. Denn seit der Einführung der Ebenensets, die ab Photoshop CS 2 Ebenengruppen heißen, kann man dieses Menü wunderschön ordentlich und übersichtlich halten, indem man thematisch verwandte Ebenen in einer gemeinsamen Ebenengruppe unterbringt.

Abbildung 3.9
Das Gruppieren von Ebenen hält Ihr Ebenenfenster hübsch sauber und übersichtlich.

3.4 Organisation

Benennung der Ebenen

Um den notwendigen Überblick zu behalten, ist es sehr wichtig, alle Ebenen zu benennen, und zwar mit Namen, die Ihnen klare Auskunft darüber geben, welcher Bildteil welcher Ebene entspricht. Außer der ganz normalen, altbekannten Ebene gibt es ja schließlich noch die Formebene, die Füllebene, die Einstellungsebene, maskierte und nicht maskierte Ebenenmasken und unterschiedliche Ebenenstile, so dass es sich sicherlich lohnt, alles genau zu bezeichnen, um ein frustrierendes Ebenenchaos zu vermeiden. Manche Details, die Sie in ein Bild einbauen, sind womöglich so klein, dass sie auf dem Monitor kaum mehr sichtbar sind. Ein solches Detail finden Sie leichter über die Ebenenpalette, als wenn Sie im Bild danach suchen.

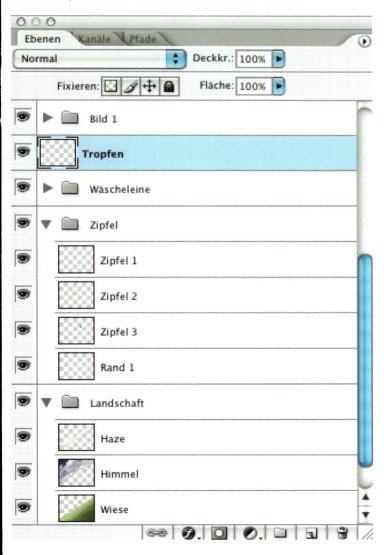

Abbildung 3.10
Die Benennung der Ebenen erleichtert ab einer gewissen Anzahl das Arbeiten ungemein.

COMPOSING & MONTAGE 57

KAPITEL 4
Entwurf und Umsetzung

4.1	...und wie geht's weiter?	62

Kapitel 4
Entwurf und Umsetzung

> **Hinweis**
>
> Lassen Sie sich etwas einfallen! Setzen Sie sich nie ohne eine Idee an den Rechner!

Am Anfang ist die Idee. Egal, wie Ihr Composing später einmal aussehen soll, das Wichtigste ist eine Idee. Vielleicht gibt es da etwas, worüber Sie schon seit geraumer Zeit nachgrübeln, dann versuchen Sie doch einfach, gedanklich ein Bild daraus zu formen. Oder Sie lassen sich von Orten inspirieren, die eine gewisse Rolle in Ihrem Leben spielen oder von Dingen, mit denen Sie häufig zu tun haben. Ihre nächste Umgebung ist sicherlich eine der Hauptquellen für frische, neue Ideen.

Wenn Sie einen packenden Gedanken haben oder – noch besser – ein Gedanke Sie gepackt hat und nicht mehr loslässt, dann versuchen Sie, sich diesen Gedanken auszumalen und bildlich vorzustellen. Wenn man auf der Suche nach Ideen ist und über eine Sache intensiv nachdenkt, kann das Unterbewusstsein manchmal gute Dienste leisten, denn es arbeitet fast autonom weiter und präsentiert Ihnen vielleicht einen Ansatz zu einer Umsetzung, ohne dass Sie in diesem Moment damit gerechnet haben, zum Beispiel Dienstag nachmittags auf dem Weg von der Arbeit nach Hause.

Versuchen Sie nicht, sich ohne eine Idee an den Rechner zu setzen; lassen Sie sich nicht von all den wunderbaren Tools von Photoshop verführen, sie einzusetzen, wenn Sie nicht wissen, was Sie eigentlich machen wollen. Ein beträchtlicher Teil eines Composings ist reine Kopfarbeit; erst wenn Sie ein mehr oder weniger klares Bild dessen, was Sie umsetzen möchten, vor Augen haben, lohnt es sich, weiterzumachen.

> **Hinweis**
>
> Oft finden sich die besten Ideen in Ihrem täglichen Umfeld.

Wie bereits erwähnt, finden sich Objekte oder Personen, die Teil oder Thema eines Composings werden könnten, oft in Ihrem direkten Umfeld. Beim Blättern durch den zweiten Teil dieses Buches mag Ihnen vielleicht aufgefallen sein, dass Küchen- und Haushaltsgeräte eine Schlüsselrolle spielen. Und dies einfach deswegen, weil ich sie genauso benutze wie Sie auch, aber als Werbefotograf auch beruflich damit zu tun habe, wenn beispielsweise eine Broschüre für einen Haushaltsgerätehersteller fotografiert werden soll.

Bedenken Sie auch, dass die Qualität dessen, was Sie bildlich umsetzen wollen, nichts mit dem dazugehörenden technischen Aufwand zu tun hat. Wenn die Idee überzeugend ist, spielt es keine Rolle, wie lange Sie mit ihrer Umsetzung beschäftigt sind oder wie viele digitale Kniffe Sie anwenden müssen. Oft sind gerade die Einfälle die besten, die auf verblüffend einfachen Ideen aufbauen. Außerdem könnte es sein, dass Ihnen die Umsetzung überzeugender gelingt, wenn Sie sich in Photoshop auf sicherem Boden bewegen.

Objekte mit Symbolcharakter

Wenn Ihre Gedanken also irgendwann ein Thema umkreisen, dann lassen Sie sich die folgenden Gedanken einmal auf der Zunge zergehen: Womöglich haben Sie auch einmal dieses beliebte kleine Psychospielchen gespielt, worin Sie eine Person auffordern, ein beliebiges Werkzeug, ein Musikinstrument und eine Farbe zu nennen. Der oder die Betreffende wird Hammer, Geige und rot antworten und ordentlich verblüfft sein, wenn Sie ihm oder ihr einen Zettel unter die Nase halten, auf dem Sie vor der Frage bereits die Antworten notiert haben. Nun bin ich kein Psychologe, doch ganz so verblüffend sind die Antworten nicht, denn Begriffe, die für eine ganze Gruppe von Unterbegriffen stehen, merken wir uns durch einen symbolhaften Vertreter dieser Unterbegriffe. Diese Eigenheit des menschlichen Gehirns können Sie ausnutzen: Wenn beispielsweise in Ihrem Composing Blumen eine Rolle spielen, dann besorgen Sie keine teuren Orchideen, deren Namen zum größten Teil aus Ypsilons bestehen, und vergessen Sie imposante Superzüchtungen. Nehmen Sie eine Gerbera. Oder eine Sonnenblume. Diese Blütenform steht bei den meisten Menschen in unserem Kulturraum für das Wort »Blume«.

Mystik und Dramatik

Ab und zu habe ich den Eindruck, die Mystik sei die fiese kleine Schwester der Dramatik. In vielen Bildmontagen kann man beobachten, wie eng beide Begriffe miteinander verwoben sind, und doch scheint es immer eine Prise zuviel Mystik zu sein, die ein Bild voller aufwühlender Dramatik kippen lässt und der Belanglosigkeit preisgibt, nie umgekehrt. Es ist ja auch geradezu verführerisch, eine gewisse Mystik in ein Composing zu integrieren: Mit ein paar Mausklicks haben Sie der menschlichen Hautfarbe ein teuflisches Rot verpasst und die Pupillen Ihres Modells in reptilienartige Schlitze verwandelt. Wenn Sie nun noch einen feuerspeienden Gummidrachen über der Szene kreisen lassen, sind Sie mitten in der Frühzeit von Photoshop gelandet, in der solche Montagen mächtig Konjunktur hatten. Seien Sie grundsätzlich vorsichtig mit allem, was mystisch oder geheimnisvoll anmutet. Ein wenig davon kann Ihrer Arbeit genau das Element geben, nach dem Sie gesucht haben, doch etwas zuviel davon, und schwupps! haben Sie den Bogen überspannt. Versuchen Sie statt dessen lieber, Dramatik ins Bild zu bringen. Dies erfordert ein gewisses Maß an Planung, doch es gibt mehrere Möglichkeiten. Eine, die mir am besten gefällt, ist die, einen Gegenstand aus einer ungewohnten Perspektive zu fotografieren, meistens von unten. So majestätisch, kraftvoll und imposant haben Sie einen schlichten Eierbecher sicherlich noch nie gesehen.

> **Tipp**
> Seien Sie auf der Hut vor allzu mystischen Bildinhalten!

Oder denken Sie an die verschiedenen Möglichkeiten, Bewegung ins Bild zu bringen. Photoshop bietet eine ganze Reihe verschiedener Bewegungsfilter an, die allerdings oft unter kryptischer Namensverschlüsselung leiden. Was ein RADIALER-WEICHZEICHNER-Filter alles leistet, kann man seinem Namen nicht entnehmen.

Die Kombination zweier Gegenstände, deren Beziehung zueinander von Gemeinsamkeiten und Widersprüchen geprägt ist, kann eine inhaltliche Dramatik hervorbringen, die ihre Wirkung nicht verfehlt. Nehmen Sie den Workshop mit dem Jet an der Tankstelle: Ein Kampfjet benötigt, genau wie ein Pkw, Treibstoff zur Fortbewegung, beides sind im weiteren Sinne Verkehrsmittel. Es existiert also eine Schnittmenge der Begriffsbereiche »Auto« und »Flugzeug«, der Begriff »Treibstoff« befindet sich innerhalb dieser Schnittmenge, was durch die Zusammenführung beider Verkehrsmittel an der Tankstelle symbolisiert wird. Stellen Sie sich vor, Sie befänden sich an Stelle des Herrn an der Zapfsäule: Sie würden sicherlich nicht schlecht staunen.

Kapitel 4
Entwurf und Umsetzung

Versuchen Sie, mit Anschnitten zu arbeiten. Abgebildete Gegenstände im Vordergrund müssen nicht immer vollständig sichtbar sein. Ein vom Bildformat angeschnittener Gegenstand vermittelt dem Betrachter die Vorstellung, sich mitten im Geschehen zu befinden. Darüber hinaus wirkt Ihr Bild authentischer, da die Arbeit weniger arrangiert wirkt und deswegen an eine echte Momentaufnahme erinnert.

4.1 ...und wie geht's weiter?

Diese Beispiele sollen Ihnen verdeutlichen, wie wichtig es ist, eine Idee zu entwickeln. Es entsteht häufig der Eindruck, die Wirkungsaura eines so mächtigen Programms wie Photoshop erstrecke sich auch auf die Vorarbeit zu einer Montage, getreu der Annahme, dass Computer ja sowieso alles alleine können, von künstlicher Intelligenz ganz zu schweigen. Zum Glück ist das in Wirklichkeit anders, denn Sie sind der Regisseur, Sie bestimmen, was im Bild passieren soll und was nicht.

Die Zeichnung

> **Tipp**
> Beginnen Sie die Umsetzung einer Idee mit einem Bleistift und einem Stück Papier. Und sagen Sie bloß nicht, Sie könnten nicht zeichnen.

Die Umsetzung einer Idee in Photoshop dauert zwischen, sagen wir, ein paar Stunden und einigen Wochen. Deswegen ist es notwendig, für die Idee, die Sie haben, ein Medium zu finden, das Ihnen eine rasche, wenn auch ungenaue Wiedergabe erlaubt. Eine Zeichnung wird Ihnen erlauben zu sehen, wie das, was Sie sich ausgedacht haben, in groben Zügen später aussehen wird. Sie benötigen dazu kein großes Zeichentalent – wenn Sie's dennoch haben sollten, schadet es aber auch nicht.

Überlegen Sie sich ein Format und legen Sie es mit vier Strichen auf einem Blatt Papier an. Kann das, was Sie gerne zeigen möchten, leichter im Hoch- oder im Querformat dargestellt werden? Bedenken Sie, dass Querformate eher natürlich wirken, Hochformate dagegen häufig als künstlich wahrgenommen werden. Ein erzählender Inhalt, dem vielleicht eine Chronologie zu Grunde liegt, wird sich im Querformat leichter darstellen lassen. Wäre das anders, müssten Sie Ihr Fernsehgerät im Hochformat aufstellen.

> **Tipp**
> Wenn Sie mit einem Grafiktablett arbeiten, können Sie womöglich auf die Papierskizze verzichten. Drucken Sie die fertige Skizze aber unbedingt aus.

Nun versuchen Sie, die Idee mit ein paar Bleistiftstrichen zu skizzieren. Erwarten Sie nicht, dass es gleich beim ersten Mal klappt, wahrscheinlich brauchen Sie mehrere Anläufe. Macht aber nichts. Arbeiten Sie sich an die Idee heran, bis die Skizze in etwa dem gleicht, was Sie sich vorgestellt haben. Die Zwischenstufe der Skizze ermöglicht es Ihnen, intuitiv zu arbeiten, ohne dass Sie sich mit Pop-Ups oder Skalierungsbefehlen beschäftigen müssen. Überlegen Sie sich, von welcher Seite das Licht kommen soll: Kommt es beispielsweise von links, sollten die Objekte in Ihrer Zeichnung auf der rechten, dem Licht abgewandten Seite schattiert werden; diese Art der Darstellung hilft Ihnen später, wenn Sie die »Originale« fotografieren wollen, da Sie bereits wissen, wo Sie ein Licht setzen oder welche Seite Sie der Sonne zuwenden wollen. Um

4.1 ...und wie geht's weiter?

die Zeichnung zu perfektionieren, empfehle ich eine Kolorierung mit Buntstiften. Dabei können Sie sich bereits die ersten Gedanken machen, was die Farbgebung betrifft, um letztendlich zu einer Vorlage zu gelangen, die Sie nur noch umzusetzen brauchen. Es ist nicht notwendig, dass Sie sich sklavisch an diesen Entwurf halten. Sollten Sie während der späteren Arbeit am Computer Details einbauen wollen, die Ihnen während der Entwurfsphase nicht eingefallen sind, dann fügen Sie diese einfach ein.

Fotografische Umsetzung

Langsam wird's ernst. Was Sie von nun an tun, hat optisch und qualitativ schon eine ganze Menge mit der späteren Collage zu tun. Haben Sie ein Stativ? Stimmt die Brennweite der Kamera? Wenn Sie sich nicht sicher sind, verwenden Sie die Normalbrennweite von 50 mm und betrachten Sie das Bild durch den Sucher. Halten Sie sich noch einmal die Abbildungskriterien der verschiedenen Brennweiten (wie in Kapitel 2 beschrieben) vor Augen. Kommt das Licht von der richtigen Seite? Erlaubt Ihnen die verwendete Blende die nötige Tiefenschärfe? Und Action...!

Das Fotografieren selbst dauert nicht besonders lange verglichen mit der Zeit, die Sie für die gesamte Arbeit an der Collage benötigen. Das mag auf den ersten Blick überraschend sein, die Erklärung ist aber offensichtlich: Durch die Einteilung der einzelnen Arbeitsabschnitte in Ideenfindung, Skizze, Fotografie und Montage am Computer brauchen Sie sich bei jedem der einzelnen Abschnitte lediglich mit einer einzigen Sache auseinander zu setzen. Weder müssen Sie beim Nachgrübeln über Ihr Motiv bereits mit Blendenwerten jonglieren noch verlangt das Skizzieren irgendwelche Überlegungen, was Photoshop betrifft. Umgekehrt liegen bei der Arbeit am Rechner bereits alle oder zumindest die meisten Dateien bereit, die Sie zur Montage brauchen.

Um aber nach all der trockenen Theorie ein bisschen in Schwung zu kommen, können Sie ja den einen oder anderen Workshop im zweiten Teil dieses Buches in Angriff nehmen. Viel Vergnügen!

Teil B
Die Workshops

5	WasguckstDu?!	67
6	Kartoffelpressen	103
7	Fliegende Teesiebe	129
8	Alles super!	167
9	Towers	205
10	Bäckers Traum	229
11	Towers III	251
12	Squeeze!	279
13	Sweet Impact	303
14	Genfood	333

Bildmaterial unter www.mitp.de

KAPITEL 5
WasguckstDu?!

5.1	Landschaft	68
5.2	Model	74
5.3	Montage der Arme	78
5.4	Klammern	81
5.5	Wäscheleine	84
5.6	Materialdicke und Zipfel	87
5.7	Schatten	94
5.8	Tropfen	99

Kapitel 5 — WasguckstDu?!

Eine sehr reizvolle Spielart zweidimensionaler Darstellung ist das Schaffen einer virtuellen dritten Dimension. Beinahe jede Landschaftsdarstellung – egal ob Zeichnung, Fotografie oder Gemälde – versucht, diese Illusion zu schaffen. Doch erst die Zusammenführung echter Zweidimensionalität und illusorischer Dreidimensionalität, die diesem Workshop zu Grunde liegt, lässt den Betrachter im ersten Moment an seiner Wahrnehmung zweifeln.

Das Bildmaterial der folgenden Workshops finden Sie zum Download unter www.mitp.de auf der Seite zum Buch.

5.1 Landschaft

Zunächst legen Sie eine Datei der Größe 15 x 20 cm als Querformat an, die Auflösung beträgt 300 dpi. Öffnen Sie die Datei *Wiese* und ziehen Sie sie auf die angelegte Fläche. Da die Wiese stets die unterste Ebene sein wird, können Sie sie auch zur Hintergrundebene machen.

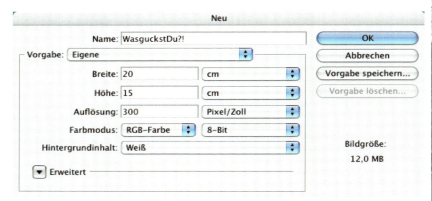

Anschließend drehen Sie die Datei über BEARBEITEN-TRANSFORMIEREN-DREHEN um etwa 30° gegen den Uhrzeigersinn, die gesamte Montage gewinnt dadurch an Dynamik. Jetzt skalieren Sie sie über BEARBEITEN-TRANSFORMIEREN-SKALIEREN und halten dabei die [Shift]-Taste gedrückt, um das Seitenverhältnis der Wiese nicht zu verändern. Anschließend öffnen Sie die Datei *Himmel* und verfahren genauso. Achten Sie darauf, dass die Himmelebene über der Wiesenebene liegt.

5.1 Landschaft

Radieren Sie vom Himmel gerade soviel weg, dass ein weicher Übergang zur Wiese entsteht. Auf keinen Fall darf die scharfe Kante der Wiese sichtbar werden. Wer will, kann dazu auch eine Ebenenmaske im *Himmel* anlegen, die erst nach dem Radiervorgang zur Anwendung kommt.

Kapitel 5   WasguckstDu?!

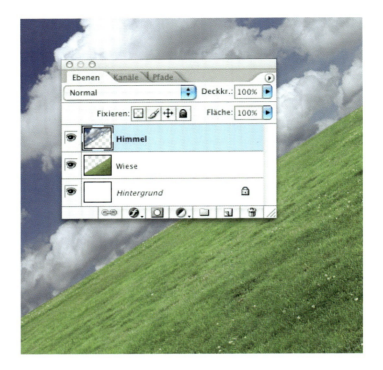

Hinweis

Die Himmelsebene liegt über der Wiesenebene und kann mit oder ohne Ebenenmaske am Horizont radiert werden.

70 PHOTOSHOP CS2

5.1 Landschaft

Um Ihrer Landschaft perspektivische Tiefe zu verleihen, gehen Sie folgendermaßen vor: Wechseln Sie in den Maskierungsmodus und legen Sie einen linearen Verlauf lotrecht zum Horizont quer über die Wiese an. Nachdem Sie wieder in den Standardmodus zurückgekehrt sind, hellen Sie die Wiese am Horizont auf, indem Sie den mittleren Regler der Tonwertkorrektur etwas nach links verschieben. Vermindern Sie gleichzeitig den Kontrast um 25 %. Auf diese Weise erlangen Sie die sogenannte »Luftperspektive«, die die Landschaft weit erscheinen lässt.

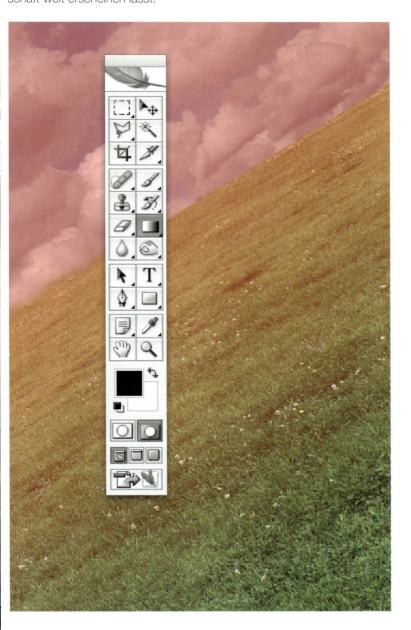

Hinweis

Durch das Aufhellen der Wiese in Richtung Horizont werden große Entfernung und Weite suggeriert.

COMPOSING & MONTAGE

Kapitel 5

WasguckstDu?!

Nachdem Sie den Himmel am Horizont auf die gleiche Weise aufgehellt haben, fassen Sie beide Ebenen zu einer Gruppe zusammen. Dies sollten Sie grundsätzlich bei Ebenen mit ähnlichem Inhalt tun, um im Ebenenmenü stets die Übersicht zu behalten.

5.1 Landschaft

An Palettenraum andocken	
Neue Ebene...	⇧⌘N
Ebenen duplizieren...	
Ebenen löschen	
Ausgeblendete Ebenen löschen	
Neue Gruppe...	
Neue Gruppe aus Ebenen...	
Ebenen fixieren...	
In neuem Smart Objekt gruppieren	
Inhalt bearbeiten	
Ebeneneigenschaften...	
Fülloptionen...	
Schnittmaske erstellen	⌥⌘G
Ebenen verbinden	
Verbundene Ebenen auswählen	
Auf eine Ebene reduzieren	⌘E
Sichtbare auf eine Ebene reduzieren	⇧⌘E
Auf Hintergrundebene reduzieren	
Animationsoptionen ▶	
Palettenoptionen...	

COMPOSING & MONTAGE

Kapitel 5

WasguckstDu?!

Zuletzt wird der Dunststreifen (*Haze*) erzeugt: Sie kopieren Himmel und Wiese, reduzieren die Kopien auf eine Ebene und radieren bis auf eine etwa 300 Pixel breite Horizontlinie alles weg. Diese Linie wird über den Filter GAUSSSCHER WEICHZEICHNER mit 25 Pixeln weichgezeichnet. Um die perspektivische Wirkung zu verstärken, hellen Sie den Dunst auf, indem Sie mit dem linken unteren Regler der Tonwertkorrektur die ersten 60 Tonwerte abschneiden. Fertig ist die Landschaft!

Hinweis

Der verschwommene Horizont wirkt wie ein Dunstschleier, nachdem er mit der Tonwertkorrektur aufgehellt wurde. Auch er verstärkt die Tiefenwirkung der Landschaft.

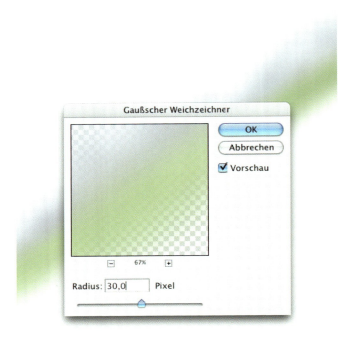

5.2 Model

Hinweis

Die Hilfsleine benötigen Sie nur als eine Art Krücke. Sie wird später gelöscht.

Öffnen Sie im Ordner *Leinen* die Datei *Hilfsleine* und ordnen Sie sie etwas oberhalb des Horizontes an. Die Hilfsleine dient als perspektivische Orientierungshilfe zur Plazierung der drei Modelbilder. Öffnen Sie nun aus dem *Knitter*-Ordner die Datei *Knitter 1* und legen Sie sie am linken Ende der Hilfsleine an. Halten Sie dabei etwas Abstand zum Bildrand.

5.2 Model

Abbildung 5.1
Der Knitter lässt das später darüber gelegte Bild wie ein Stück Stoff aussehen.

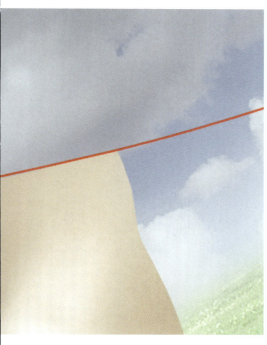

Öffnen Sie nun das »Gesicht« im Ordner *Model* und ziehen Sie es auf den »Knitter 1«. Beim anschließenden Skalieren und Drehen (BEARBEITEN-TRANSFORMIEREN-DREHEN) achten Sie darauf, dass der gesamte Knitter stets vom Gesichtsbild bedeckt ist. Wenn Größe und Position stimmen, fassen Sie beide Ebenen in der Gruppe »Bild 1« zusammen und ändern den Modus der Ebene

»Gesicht« von *Normal* zu *Multiplizieren*. So entsteht der Eindruck eines im Wind wehenden Tuches.

Abbildung 5.2
Drehen Sie die Ebene so, dass ihre Ausrichtung in etwa derjenigen des Knitters entspricht.

5.2 Model

Wechseln Sie zurück in die Ebene *Knitter 1* und wählen diese mit dem Zauberstab aus. Klicken Sie hierzu einfach neben den Knitter, auf diese Weise wird er komplett ausgewählt. Gehen Sie zurück in die *Gesichts*-Ebene und löschen Sie über BEARBEITEN-LÖSCHEN alle überstehenden Bildteile. Wenn das erste Bild fertig an der Leine hängt, öffnen Sie im Ordner *Model* die Dateien *Knitter 2*, *Knitter 3* und *Knitter 4* und ziehen die jeweiligen Dateien *Oberkörper*, *Hüfte* und *Schenkel* auf die entsprechenden *Knitter*- Ebenen.

COMPOSING & MONTAGE

Fassen Sie nun auch die Bilder 2, 3 und 4 mit den dazu gehörenden Knittern zu je einem Set zusammen, das Sie *Bild 2 bis Bild 4* nennen.

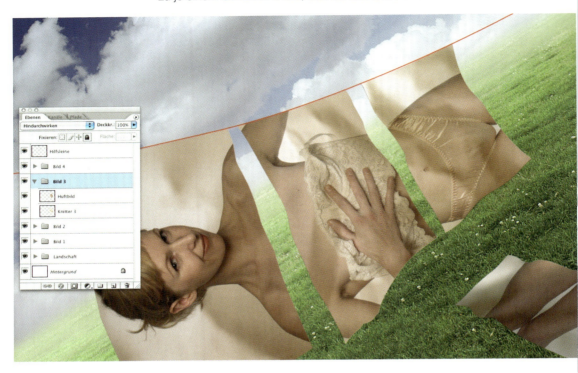

5.3 Montage der Arme

Öffnen Sie als Nächstes die Datei *Ellbogen* im *Model*-Ordner und stellen Sie den Arm frei. Am besten verwenden Sie dazu einen Pfad oder das Magnetlasso. Zur späteren Montage sollten Sie möglichst den gesamten Arm freistellen, um einen weichen Übergang zum Körper schaffen zu können. Den freigestellten Arm ziehen Sie dann auf das Bild und benennen die Ebene mit *Ellbogen*.

5.3 Montage der Arme

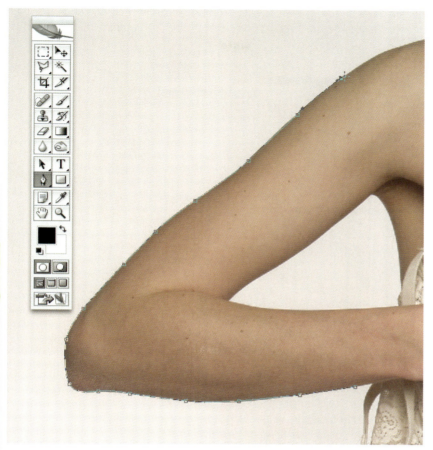

Abbildung 5.3
Für Eilige: Der Ellbogen ist unter dem Namen *Ellbogen frei.psd* in bereits freigestellter Version im *Model*-Ordner vorhanden.

Skalieren Sie den Ellbogen und erzeugen Sie mit dem Radiererwerkzeug einen weichen Übergang an der Stelle, wo er mit dem Körper verschmilzt. Empfehlenswert ist eine Deckkraft von ungefähr 30 %. Dieser Schritt kann auch wie immer mit einer Ebenenmaske geschehen.

Abbildung 5.4
Die Anpassung des Ellbogens erfordert ein wenig Fingerspitzengefühl.

Öffnen Sie nun, ebenso aus dem Ordner *Model*, die Datei *Klammerarm* und stellen Sie den Arm frei. Auch hier erleichtert es das Anpassen des Arms, wenn Sie ihn bis kurz vor der Schulter freistellen und an dieser Stelle, wie im vorherigen Schritt beschrieben, einen weichen Übergang schaffen. Beim Skalieren und Drehen des Arms achten Sie bitte darauf, dass die Klammer oberhalb der Hilfsleine platziert wird. Die *Arm*-Ebenen müssen in der Ebenenpalette ganz oben stehen.

5.4 Klammern

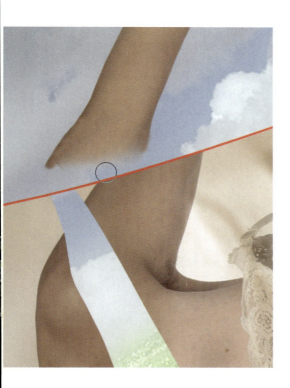

5.4 Klammern

Um unsere Bilder an der Leine zu befestigen, benötigen wir natürlich Wäscheklammern. Öffnen Sie hierzu aus dem Ordner *Klammern* die *Klammer 1* und stellen Sie sie wie vorhin mit dem Pfad frei. Achten Sie darauf, möglichst viel Papier mit freizustellen, das erspart den Schritt, einen Schatten für die Klammer erzeugen zu müssen.

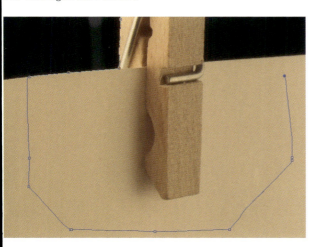

Tipp

Stellen Sie die Klammer mit viel Papier frei, um den Schatten später nicht neu konstruieren zu müssen. Den Pfad wandeln Sie in eine Auswahl um, die eine weiche Kante von 0,5 Pixeln bekommt.

Nachdem Sie die Klammer als Ebene *Klammer* oberhalb der Ebenengruppen der Bilder platziert und skaliert haben, radieren Sie vom Papier mit einer sehr weichen Spitze die harten Kanten weg und passen Sie die Ebene per BILD-EINSTELLEN-TONWERTKORREKTUR der unter ihr liegenden Ebene an. Mit der zweiten Klammer, die Sie unter dem Namen *Klammer 2.jpg* im *Klammer*-Ordner finden, verfahren Sie genauso.

Hinweis

Mit der Tonwertkorrektur werden Klammer und Papier dem Farbton des Modelbildes angepasst. Schieben Sie den mittleren Regler des Blaukanals nach links, um den Gelbstich zu entfernen.

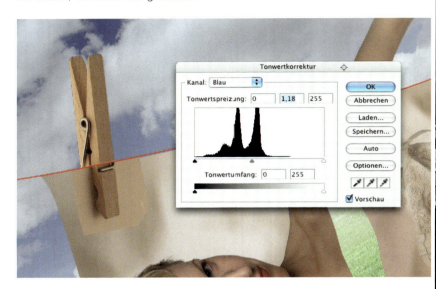

Die dritte Klammer ist dieselbe Datei wie die erste, sie wird allerdings etwas gedreht, um nicht den Eindruck zu vermitteln, geklont zu sein. Dasselbe gilt für die vierte und fünfte Klammer. Fassen Sie die fünf Klammern als neue Ebenengruppe zusammen und platzieren Sie sie zwischen der Gruppe von Bild 4 und der Ebene *Ellbogen*.

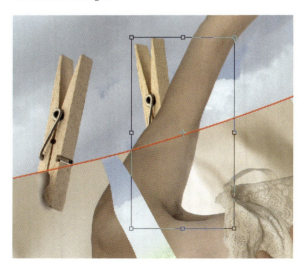

5.4 Klammern

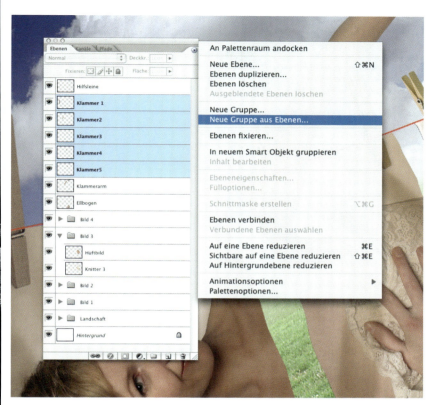

Abbildung 5.5
Wenn sämtliche Klammern eingebaut sind, legen Sie einfach eine neue Gruppe für sie an.

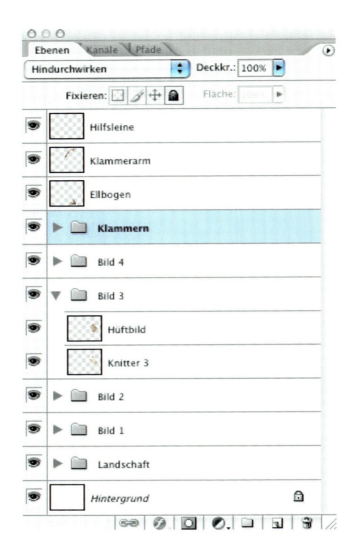

5.5 Wäscheleine

Im Ordner *Leinen* finden Sie die Datei *Leinenteile*, in der jeder Abschnitt in einer eigenen Ebene liegt. Blenden Sie die Hilfsleine vorübergehend aus und ziehen Sie das dickste Stück der echten Leine auf eine eigene Ebene, die Sie unterhalb der Ebenen der hängenden Bilder anordnen. Durch BEARBEITEN-TRANSFORMIEREN-DREHEN wird das Stück zwischen linkem Bildrand und erstem Bild eingebaut.

5.5 Wäscheleine

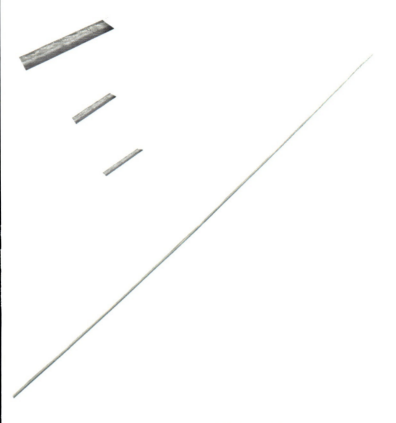

Abbildung 5.6
Die vier Leinenstücke werden ihrer Dicke entsprechend von links nach rechts zwischen den einzelnen Wäschestücken eingebaut.

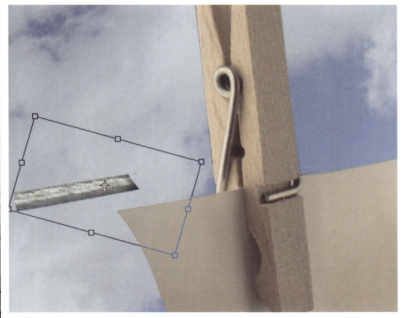

COMPOSING & MONTAGE **85**

Kapitel 5 — WasguckstDu?!

Ebenso werden alle weiteren Leinenstücke zwischen den Bildern eingesetzt und durch Drehen und Bewegen exakt auf der roten Hilfsleine positioniert. Wenn alle vier Stücke eingearbeitet sind, fassen Sie sie zu einer eigenen Ebenengruppe zusammen und ordnen Sie diese zwischen den Bildern an der Leine und der Landschaftsgruppe an. Die Ebene der Hilfsleine können Sie nun löschen oder ausblenden.

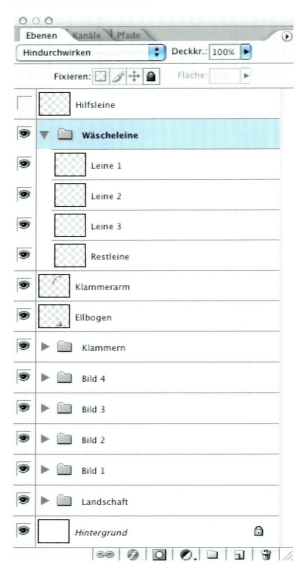

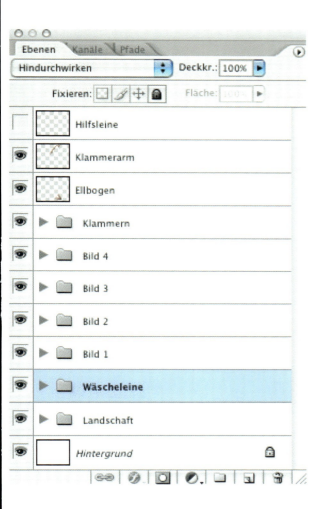

Abbildung 5.7
Die Hilfsleine wird nicht mehr benötigt. Sie kann gelöscht oder ausgeblendet werden.

5.6 Materialdicke und Zipfel

Bisher haben die Bilder an der Leine noch keine Materialstärke bzw. Dicke. Diese wird im nächsten Schritt erzeugt: Öffnen Sie das Set *Bild 1* und duplizieren Sie die Ebene *Knitter1*. Diese Ebene wird *Rand 1* genannt. Durch Verschieben um 2-3 Pixel nach links entsteht der Eindruck einer körperhaften Dicke.

Kapitel 5   WasguckstDu?!

> **Tipp**
>
> Wer möchte, kann die *Rand 1*-Ebene an den sichtbaren Stellen mit dem Nachbelichten-werkzeug an einigen Stellen mit weicher Werkzeugspitze abdunkeln, um ihr noch mehr Plastizität zu verleihen.

Abbildung 5.8
Das Duplizieren und Verschieben nach links verleiht dem Wäschestück Tiefe und Plastizität.

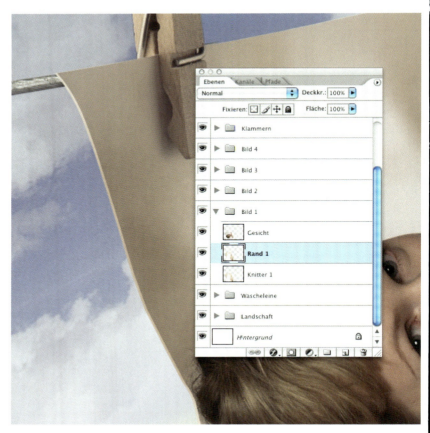

5.6 Materialdicke und Zipfel

Auch aus den verbliebenen zwei hängenden Bildern wird jeweils die *Knitter*-Ebene dupliziert und um wenige Pixel nach links verschoben. Nur das liegende Bild benötigt eine Verschiebung nach unten, da aus der Betrachterperspektive der linke Bildrand verdeckt ist.

Als Nächstes werden die überhängenden Bildteile, die Zipfel, angelegt. Dies erfordert ein wenig Vorstellungsvermögen, da es der einzige Teil des Bildes ist, der keinen fotografischen Ursprung hat: Zwischen der Wäscheleinen-Ebene und dem Landschaftsset wird die Ebene *Zipfel 1* angelegt. Per Pfadwerkzeug wird die Form eines überhängenden Wäschestücks erzeugt, in eine Auswahl umgewandelt und über den Befehl BEARBEITEN-FLÄCHE FÜLLEN mit einer zuvor festgelegten Farbe gefüllt, beispielsweise einem leichten Gelbton (100 R, 100 G, 85 B), da reines Weiß sehr steril wirkt.

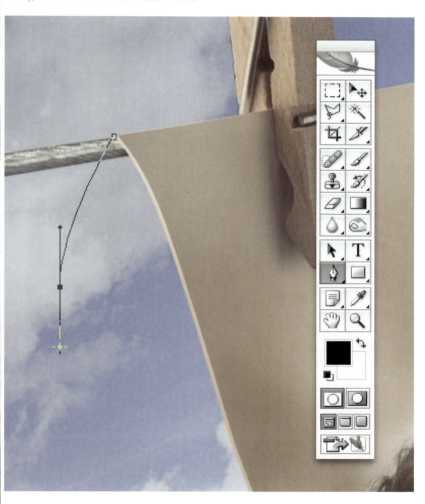

Abbildung 5.9
Die Zipfel werden komplett in Photoshop gebaut. Dies geschieht sinnvollerweise mit dem Pfadwerkzeug, da es die Konstruktion von Kurven erlaubt.

Kapitel 5

WasguckstDu?!

Legen Sie die Zipfelebene unter das Set der Wäscheleine. Erzeugen Sie mi dem Nachbelichtenwerkzeug einen Schatten, indem Sie mit weicher Werk zeugspitze und der Einstellung MITTELTÖNE den Bereich nahe des Gesichtsbil des abdunkeln. Dies erzeugt einen plastischen Eindruck. Auf diese Weise wer den alle weiteren Zipfel und deren Schatten erzeugt.

| Bearbeiten | Bild | Ebene | Auswahl | Filter | Ansi |

Rückgängig: Auswahlrechteck-Werkzeug ⌘Z
Schritt vorwärts ⇧⌘Z
Schritt zurück ⌥⌘Z

Verblassen... ⇧⌘F

Ausschneiden ⌘X
Kopieren ⌘C
Auf eine Ebene reduziert kopieren ⇧⌘C
Einfügen ⌘V
In die Auswahl einfügen ⇧⌘V
Löschen

Rechtschreibung prüfen...
Text suchen und ersetzen...

Fläche füllen... ⇧F5
Kontur füllen...

Frei transformieren ⌘T
Transformieren ▶

Pinselvorgabe festlegen...
Muster festlegen...
Eigene Form festlegen...

Entleeren ▶

Adobe PDF-Vorgaben...
Vorgaben-Manager...

Farbeinstellungen... ⇧⌘K
Profil zuweisen...
In Profil konvertieren...

Tastaturbefehle... ⌥⇧⌘K
Menüs... ⌥⇧⌘M

5.6 Materialdicke und Zipfel

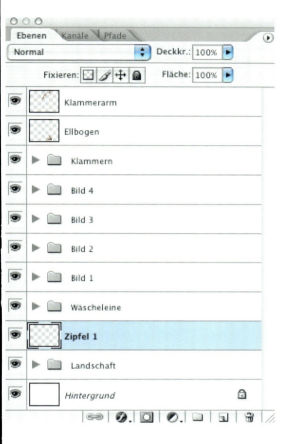

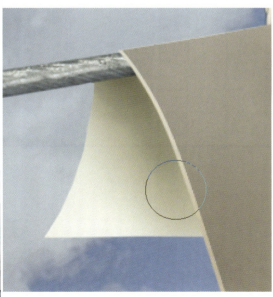

Abbildung 5.10
So sieht der fast fertige Zipfel aus. Fehlt nur noch die Tiefe, die auf gleiche Weise wie zuvor bei den Wäschestücken erzeugt wird.

Um den Zipfeln ebenso wie den Bildern eine Dicke zu verleihen, gehen Sie folgendermaßen vor: Duplizieren Sie die Ebene *Zipfel 1*, geben Sie ihr den Namen *Rand 1* und schieben Sie sie unter die Ebene *Zipfel 1*. Nun bewegen Sie wie vorhin die Randebenen der Bilder einige Pixel weit nach links und dunkeln sie mit dem Nachbelichtenwerkzeug wie gehabt ab.

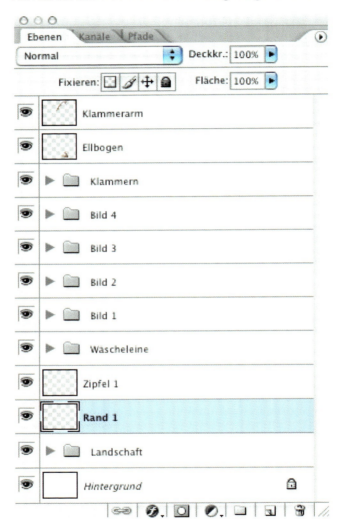

5.6 Materialdicke und Zipfel

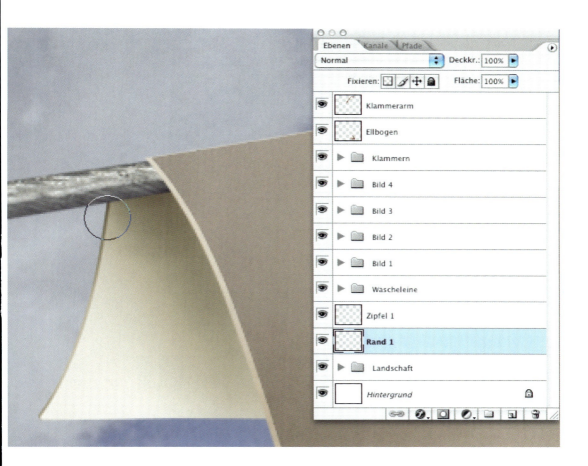

Wenn Sie diesen Vorgang bei allen drei Bildern vollzogen haben, sollten Sie sie der Übersicht halber in einer eigenen Gruppe *Zipfel* zusammenfassen, welche zwischen Wäscheleine und Landschaft liegt.

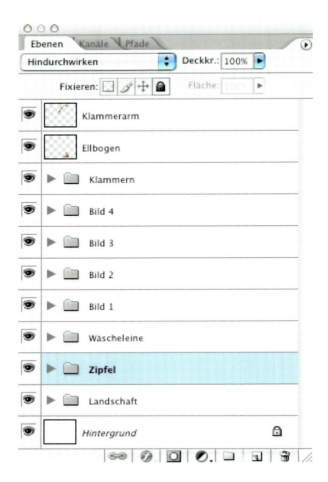

5.7 Schatten

Da unsere Hauptlichtquelle links außerhalb des Bildes liegt, werfen die Bilder einen Schatten. Also wird oberhalb der Ebenengruppen, in denen die Bilder liegen, eine neue Ebene erzeugt, die wir *Schatten 2* nennen und in der der Schatten für das zweite Bild erzeugt wird. Da der größte Teil der Unterkante des ersten Bildes außerhalb der Bildbegrenzung liegt, benötigt dieses Bild keinen Schatten.

5.7 Schatten

Wechseln Sie in die Ebene *Knitter 2* in der Gruppe *Bild 2* und erzeugen Sie davon eine Auswahl über den Zauberstab. Nachdem Sie in die zuvor angelegte Ebene *Schatten 2* gewechselt haben, füllen Sie die Auswahl mit einem Grauton, beispielsweise R 75 %, G 75 %, B 75 %.

Tipp

Für Mac-User: Sie können die benötigte Auswahl leicht erzeugen, indem Sie bei gedrückter Apfeltaste die Ebene im Ebenenfenster anklicken.

Heben Sie die Auswahl auf und spiegeln Sie die Fläche vertikal. Drehen Sie sie so über BEARBEITEN-TRANSFORMIEREN-DREHEN, dass sie im unteren rechten Bildrand sozusagen auf der Wiese liegt und teilweise aus dem Bild ragt. Ändern Sie den Modus von Normal in Multiplizieren.

5.7 Schatten

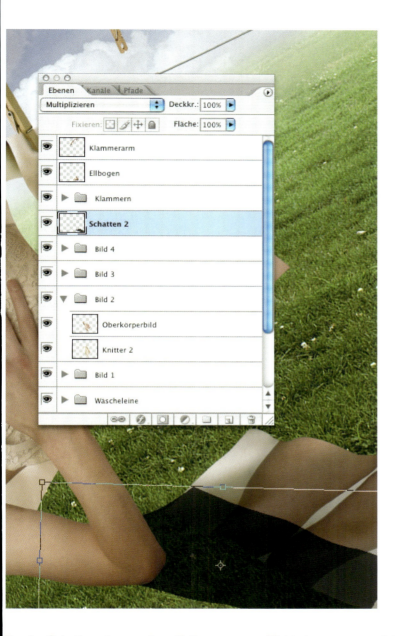

Abbildung 5.11
Der Multiplizierenmodus lässt den Schatten transparent erscheinen.

Da der Schatten eine gewisse Entfernung zum Bild hat, muss er weichgezeichnet werden. Dies geschieht mit dem Filter GAUSSCHER WEICHZEICHNER und einem Radius von etwa 25 Pixeln. Entsprechen Position und Weichzeichnung Ihren Vorstellungen, wird der Schatten von Bild 3 auf gleiche Weise erzeugt. Wenn Sie wollen, fassen Sie die beiden Ebenen zu einer neuen Gruppe zusammen.

Kapitel 5
WasguckstDu?!

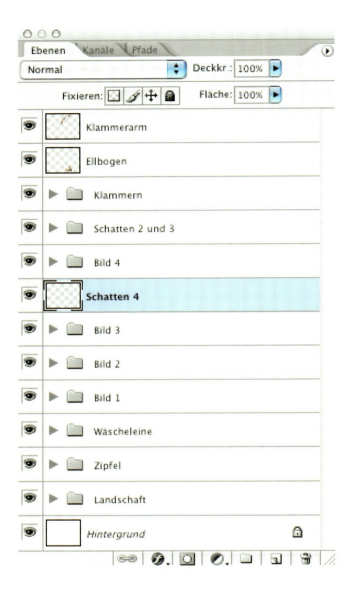

Das liegende Bild muss einen etwas unterschiedlichen Schatten bekommen, da es im Gegensatz zu den beiden anderen nicht über der Wiese schwebt, sondern auf ihr liegt: Legen Sie also unter der Ebenengruppe 4 die Ebene *Schatten 4* an und verwenden Sie dazu den Multiplizierenmodus.

5.8 Tropfen

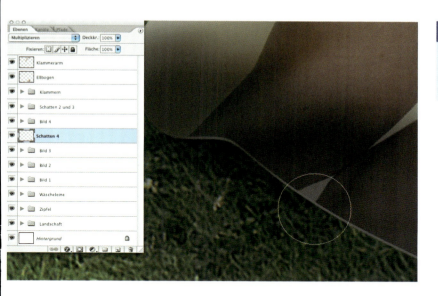

Hinweis

Tragen Sie den Schatten unter dem Bild mit weicher Spitze und geringer Deckkraft auf.

Wählen Sie zum Auftragen der Schattenfarbe eine weiche Werkzeugspitze und benutzen Sie die gleiche Farbe, aus der auch die anderen Schatten bestehen. Setzten Sie dazu unterschiedlich große Spitzen ein, um jede Art von Künstlichkeit weitgehend zu vermeiden.

5.8 Tropfen

Als letzten Schritt bauen Sie noch den Tropfen an der unteren linken Ecke von Bild 2 ein. Hierzu öffnen Sie die Datei *Tropfen.psd* im Ordner *Zipfel* und platzieren Sie die Tropfenebene oberhalb der Bildersets. Durch Drehen der Ebene wird er in die richtige Position gebracht.

Kapitel 5
WasguckstDu?!

Abbildung 5.12
Der Einbau des Tropfens ist sozusagen das i-Tüpfelchen des ganzen Composings!

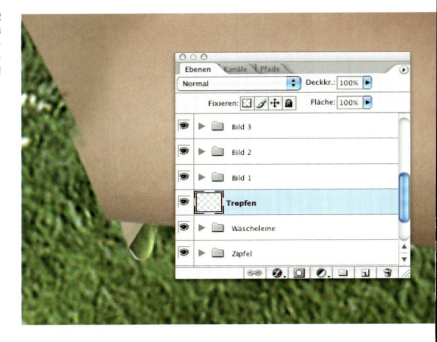

Abbildung 5.13
Die fertige Montage.

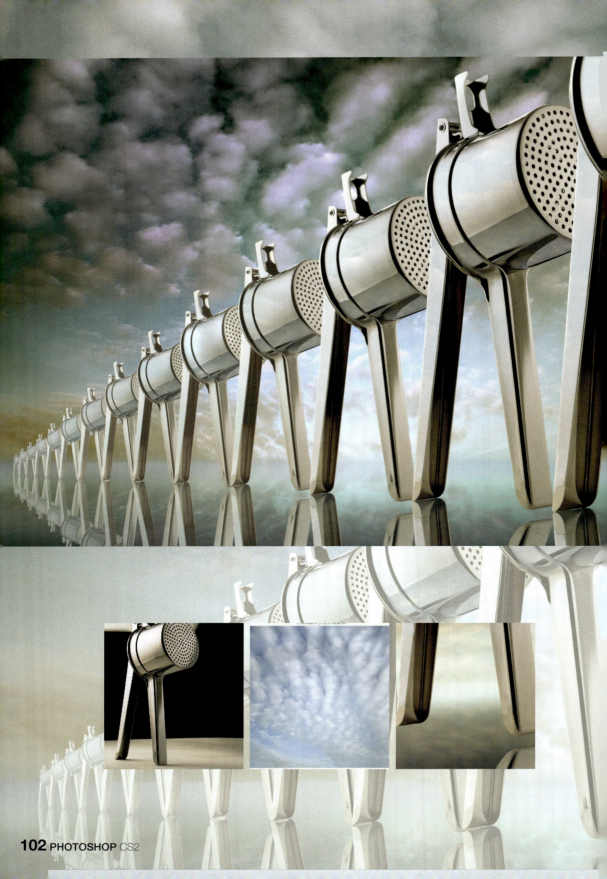

KAPITEL 6
Kartoffelpressen

6.1	Vorbereitung der Ausgangsfotos	104
6.2	Landschaft	106
6.3	Einbau der Kartoffelpressen	113
6.4	Spiegelungen im Boden	123

Kapitel 6
Kartoffelpressen

Für den einen ist es eine Kartoffelpresse, für den anderen eine Spätzlepresse. Gekauft (und wieder zurückgegeben, weil teuer) habe ich das Ding als Kartoffelpresse. Die Herausforderung dieses Workshops ist es, ein- und dieselbe Studioaufnahme der Presse durch den Einbau verschiedener Spiegelungen wie eine lange Reihe unterschiedlicher Individuen aussehen zu lassen.

6.1 Vorbereitung der Ausgangsfotos

Als Ausgangsfotos dienen lediglich zwei Dateien, aus denen die gesamte Arbeit zusammengebaut wird. Dies sind erstens eine Studioaufnahme der Kartoffelpresse, deren Metalloberfläche ringsum durch Aufheller eingespiegelt wurde, und zweitens eine Aufnahme eines Wolkenhimmels.

Abbildung 6.1
Das gesamte Composing wird lediglich aus dieser Studioaufnahme und der Aufnahme des Wolkenhimmels zusammengebaut.

6.1 Vorbereitung der Ausgangsfotos

Um die Studioaufnahme vom Studio zu »befreien«, stellen Sie sie mit dem Pfadwerkzeug frei. In Photoshop wird der bereits freigestellte Teil farbig unterlegt. Die Farbe und die Intensität sind frei einstellbar.

Abbildung 6.2
Das Freistellen der Presse mit dem Pfadwerkzeug. Der Farbton in der freigestellten Fläche verschwindet, wenn Sie im Ebenenfenster die Deckkraft der *Fläche* auf 0% setzen.

COMPOSING & MONTAGE

Kapitel 6 — Kartoffelpressen

6.2 Landschaft

Legen Sie die Datei *Final* in der Größe 15 x 20 cm bei 300 dpi an. Öffnen Sie die Datei *Himmel* und ziehen Sie sie mit dem Bewegenwerkzeug auf *Final*, so dass sie oben und an den seitlichen Bildrändern abschließt. Um den Untergrund zu erzeugen, wird nun per Auswahl-Rechteck die untere Hälfte des Himmels kopiert und auf einer separaten Ebene wieder eingefügt.

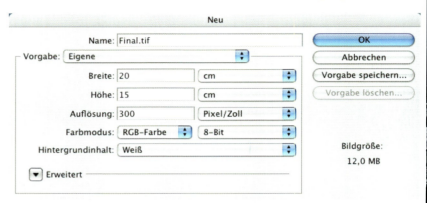

6.2 Landschaft

Diese Ebene, die *Boden* genannt wird, spiegeln Sie über das Menü BEARBEI-TEN-TRANSFORMIEREN-VERTIKAL SPIEGELN. So entsteht der Eindruck einer hochglänzenden Oberfläche, die sich bis zum Horizont ausdehnt.

Abbildung 6.3
Das Grundgerüst der Landschaft steht bereits!

Um dieser noch sehr virtuellen Landschaft Tiefe zu verleihen, muss der Boden am unteren Bildrand abgedunkelt werden. Wählen Sie dazu den Maskierungsmodus und ziehen Sie einen horizontalen Verlauf über den Boden.

COMPOSING & MONTAGE **107**

Kapitel 6
Kartoffelpressen

> **Hinweis**
> Mit Hilfe der Maske wird der Boden graduell abgedunkelt. Der Grad der Abdunklung entspricht dabei der Deckkraft der Maske.

Nachdem Sie die Maske wieder in eine Auswahl umgewandelt haben, reduzieren Sie Helligkeit über BILD-ANPASSEN-HELLIGKEIT/KONTRAST um etwa 65 %.

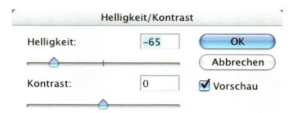

6.2 Landschaft

Auch der Himmel wird am oberen Bildrand abgedunkelt. Genau wie beim Boden wird ein horizontaler Verlauf über den Himmel gelegt, in eine Auswahl umgewandelt und abgedunkelt. Auf diese Weise bekommt die Landschaft Tiefe.

Abbildung 6.4
Die Landschaft vor der farblichen Veränderung

Noch sieht die Landschaft recht gewöhnlich aus, das phantastische Moment lässt noch etwas auf sich warten. Verleihen Sie dem Himmel über das Menü BILD-EINSTELLEN-FARBTON/SÄTTIGUNG einen anderen Ton, indem Sie den Farbton um 25 % Richtung Grün verschieben. Dann werden per Farbbalance die Mitteltöne um je 42 % Richtung Rot und Gelb verschoben. Falls Ihr Himmel noch ein bisschen flau aussieht, heben Sie den Kontrast per Tonwertkorrektur ein wenig an.

Kapitel 6   Kartoffelpressen

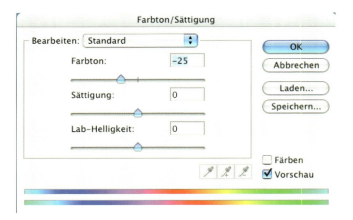

> **Tipp**
> Probieren Sie ruhig mit eigenen Farbwerten verschiedene Szenarien aus!

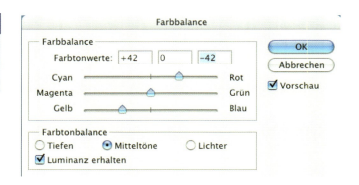

Dasselbe geschieht mit dem Boden. Selbstverständlich sind die angegebenen Werte lediglich Vorschläge, die variiert werden können. Achten Sie aber darauf, den Kontrast nicht zu hoch zu fahren, da sonst Lichter und Schatten ihre Zeichnung verlieren.

Abbildung 6.5
Durch das kühle Blau des Himmels und das warme Sonnenlicht in den Wolken entsteht eine gegensätzliche Spannung.

6.2 Landschaft

Um den messerscharfen Horizont abzuschwächen, erzeugen Sie einen Bodennebel: In einer als *Haze* bezeichneten Ebene malen Sie mit dem Pinselwerkzeug Nebelschleier über den Horizont. Benutzen Sie sowohl verschiedene Größen als auch verschiedene Deckkraft.

> **Tipp**
> Mehrere Schleier mit sehr geringer Deckkraft wirken authentischer als wenige mit hoher Deckkraft.

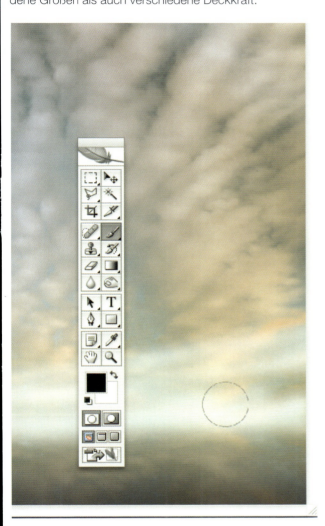

Der besseren Übersicht halber fassen Sie die Ebenen *Himmel*, *Haze* und *Boden* zu einer neuen Gruppe zusammen, die Sie *Landschaft* nennen.

Kapitel 6
Kartoffelpressen

Abbildung 6.6
...fertig ist die Landschaft. Sie wird zu einer eigenen Gruppe zusammengefasst.

112 PHOTOSHOP CS2

6.3 Einbau der Kartoffelpressen

Öffnen Sie die Datei *Presse Studio* und wandeln Sie den zuvor gelegten Pfad in eine Auswahl um, die Sie im Menü AUSWAHL-AUSWAHL VERÄNDERN-VERKLEI-NERN um 1 Pixel verkleinern. Die Auswahl bekommt eine weiche Kante von 0,5 Pixeln, dies sieht natürlicher aus als eine messerscharfe Kontur. Speichern Sie die Auswahl, sie wird noch gebraucht. Ziehen Sie nun die Presse mit dem Bewegenwerkzeug auf die Datei *Final* und positionieren Sie sie im Anschnitt des rechten Bildrandes.

Abbildung 6.7
Die Presse wird nach dem Freistellen in die fertige Landschaft eingebaut.

In den folgenden Schritten werden die Spiegelungen des Himmels auf der Oberfläche der Presse eingebaut: Wählen Sie aus der *Himmel-Ebene* einen Ausschnitt, der etwa doppelt so groß ist wie der zylindrische Teil der Presse, und kopieren Sie ihn über das Menü BEARBEITEN-KOPIEREN und BEARBEITEN-EINFÜGEN in eine neue Ebene, die Sie *Spiegelung oben* nennen.

Kapitel 6
Kartoffelpressen

Drehen Sie den Ausschnitt, um ihn der Ausrichtung der Presse anzupassen. Da ein zylindrischer Körper Spiegelungen anamorph, also verzerrt wiedergibt, skalieren Sie den Himmelsausschnitt, so dass er nur noch etwa die halbe Höhe besitzt.

6.3 Einbau der Kartoffelpressen

Wenn Sie die bearbeitete Spiegelung über die Presse gelegt haben, ändern Sie den Modus in *Multiplizieren* und reduzieren Sie die Deckkraft, bis Ihnen die Spiegelung gefällt. In unserem Beispiel beträgt Sie 50 %. Den überstehenden Teil können Sie einfach mit einer weichen Werkzeugspitze des Radierenwerkzeugs entfernen. Dies ist nicht ganz so exakt wie ein Pfad und sieht deswegen natürlicher aus.

Kapitel 6 — Kartoffelpressen

> **Hinweis**
> Der Himmelsausschnitt muss den oberen Teil des Zylinders komplett bedecken!

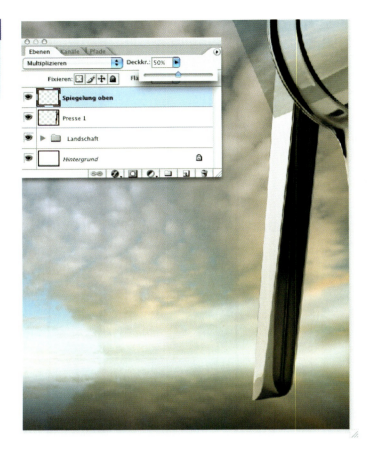

6.3 Einbau der Kartoffelpressen

Nun spiegeln Sie den »Hinterfuß« ein, also den geraden Teil der Presse. Hier entfällt das Skalieren des Himmelsausschnitts, da die plane Fläche des Hinterfußes die Spiegelung unverzerrt wiedergibt.

Kapitel 6

Kartoffelpressen

Da für die Reflexion im Boden später die gesamte Presse benötigt wird, reduzieren Sie sämtliche Spiegelungen und die dazugehörende Presse auf eine Ebene, die *Presse 1* genannt wird. Wenn Sie sich nicht sicher sind, ob Sie vielleicht doch noch Änderungen vornehmen wollen, fassen Sie alle zur Presse gehörenden Ebenen zu einer Gruppe zusammen und verbinden die Ebenen miteinander.

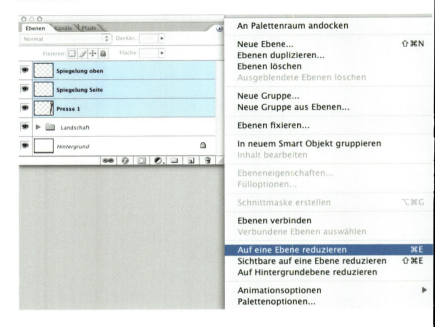

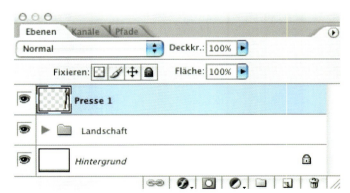

6.3 Einbau der Kartoffelpressen

Öffnen Sie erneut die Datei *Studio-Presse* und laden Sie die zuvor gespeicherte Auswahl. Ziehen Sie nun die Presse in die Datei *Final* und bezeichnen Sie die Ebene als *Presse 2*. Diese wird unterhalb von *Presse 1* platziert und skaliert. *Presse 2* sollte ungefähr zwei Drittel der Größe von *Presse 1* haben. Auch für alle weiteren Skalierungen gilt, dass die jeweils hintere Presse ein Drittel kleiner ist als die vorhergehende. Halten Sie während des Skalierens unbedingt die [Shift]-Taste gedrückt, um Höhe und Breite gleichermaßen zu verändern.

Hinweis

Versuchen Sie nicht, das Duplizieren der Pressen mit dem neuen Fluchtpunkt-Werkzeug zu erledigen, da es sich nur für die Abbildung zweidimensionaler Objekte eignet!

Achtung

Halten Sie während des Skalierens unbedingt die [Shift]-Taste gedrückt, um die Presse weder zu stauchen noch zu strecken.

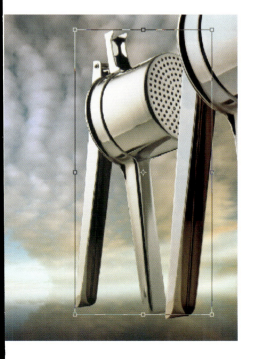

COMPOSING & MONTAGE **119**

Kapitel 6
Kartoffelpressen

Der Einbau der verschiedenen Spiegelungen erfolgt ebenso wie bei der ersten Spiegelung. Dies ist zwar aufwändiger, als einfach die erste Presse zu kopieren, macht die gesamte Arbeit aber glaubwürdiger. Lauter gleiche Spiegelungen sähen geklont und langweilig aus. Auch die dritte und vierte Presse werden skaliert, mit den beiden Spiegelungen versehen und auf eine eigene Ebene reduziert. Achten Sie darauf, dass *Presse 1* im Ebenenfenster immer ganz oben liegt, gefolgt von *Presse 2*, *Presse 3* etc. Da die Pressen durch einen um so dichteren Dunstschleier betrachtet werden, je weiter sie vom Betrachter entfernt sind, muss dieser Dunstschleier durch eine Kontrast- und Helligkeitsanpassung suggeriert werden. Also: Öffnen Sie im Menü BILD-EINSTELLUNGEN den Dialog HELLIGKEIT/KONTRAST. Vermindern Sie den Kontrast um 10 % und steigern Sie die Helligkeit um 15 %.

Abbildung 6.8
Die Kontrast- und Helligkeitsveränderungen der einzelnen Pressen suggerieren einen zum Horizont hin zunehmenden Dunstschleier.

Tipp
Die Tasten [Shift]+[⌘]+[T] bzw. [Shift]+[Strg]+[T] wiederholen die vorausgegangene Skalierung. Auf diese Weise kann die nächstkleinere Presse immer aus der vorhergehenden geklont werden, ohne dass der Maßstab der Pressen zueinander verloren geht.

Nach dem Einbau der Pressen 5 – 7 vermindern Sie bei jeder den Kontrast um weitere 3 %, also um insgesamt 13 % bei Presse 5, 16 % bei Presse 6 etc. Die Helligkeit von +15 % bleibt bei allen Pressen gleich.

6.3 Einbau der Kartoffelpressen

Hinweis
Je weiter die Pressen vom Betrachter entfernt sind, desto stärker muss ihr Kontrast reduziert werden.

Da die Pressen immer kleiner werden, können wir es uns nun erlauben, die siebte Presse komplett mit allen Spiegelungen zu kopieren und um ein Drittel nach unten skaliert als achte Presse einzusetzen. Dies wiederholen Sie, bis alle 14 Pressen im Bild sind.

Kapitel 6
Kartoffelpressen

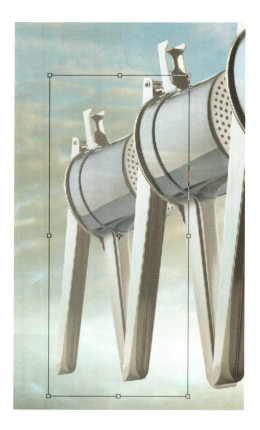

Wie beschrieben, vermindern Sie den Kontrast bei jeder weiteren Ebene um 3 %. Die 14. Presse hat demnach im Vergleich zu den ersten drei einen um 40 % verminderten Kontrast.

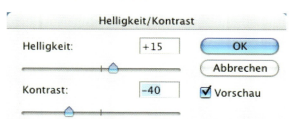

6.4 Spiegelungen im Boden

Abbildung 6.9
Die komplette Reihe der Pressen. Vergessen Sie nicht, die Datei ab und zu abzuspeichern.

6.4 Spiegelungen im Boden

Da der Boden den Himmel spiegelt, müssen die Pressen natürlich ebenfalls eine Spiegelung im Boden verursachen. Beginnen Sie mit dem »Vorderfuß« der ersten Presse: Ziehen Sie mit dem Auswahlrechteck einen Rahmen, der höher ist als der Abstand des Fußes zum Bildrand. Kopieren Sie den Ausschnitt in die neue Ebene *Reflex 1* und spiegeln Sie diese vertikal über das Menü BEARBEITEN-TRANSFORMIEREN-VERTIKAL SPIEGELN.

Abbildung 6.10
Erst die Spiegelung sorgt in optischer Hinsicht für eine Verankerung der Pressen auf ihrem Untergrund.

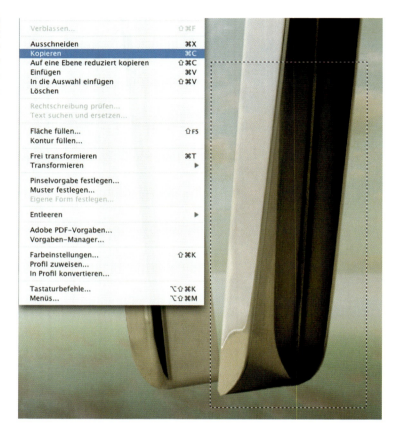

Jetzt wird die Spiegelung über BEARBEITEN-TRANSFORMIEREN-NEIGEN an der rechten Bildkante so weit nach oben geneigt, bis ihre schmale Kante parallel am Fuß anliegt.

6.4 Spiegelungen im Boden

Da die Spiegelung nicht 100 % ihres Originals widerspiegelt, muss sie etwas abgeschwächt werden. Über BILD-EINSTELLUNGEN-HELLIGKEIT/KONTRAST reduzieren Sie den Kontrast um 20 % und hellen die Tonwerte um 7 % auf.

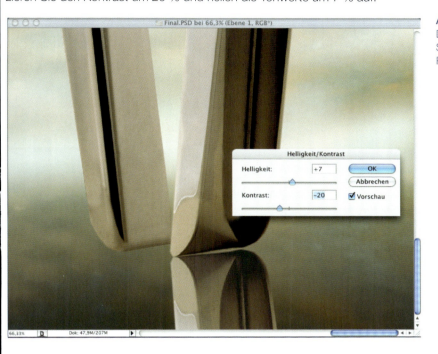

Abbildung 6.11
Das Abschwächen der Spiegelung macht den Reflex glaubwürdiger.

Der Reflex des Vorderfußes der zweiten Presse hat etwas Abstand zum Fuß. So erzielen Sie den Eindruck, die Pressen würden marschieren.

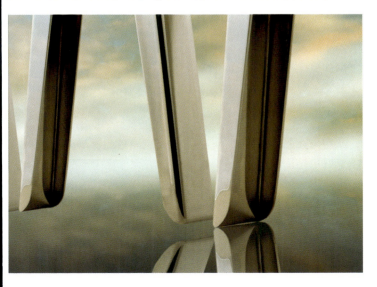

COMPOSING & MONTAGE

Bezeichnen Sie die unterschiedlichen Spiegelungen mit *Reflex vorn* oder *Reflex hinten* und der jeweiligen Pressen-Nummer. Der vordere Reflex liegt direkt unter der Presse, der hintere Reflex liegt unter dem vorderen.

Auf gleiche Weise wird mit den Spiegelungen der restlichen Pressen verfahren. Wichtig: Achten Sie auch bei den restlichen Reflexen darauf, dass die Spiegelung des vorderen Fußes etwas Abstand zum Fuß besitzt, damit der Eindruck entsteht, die Pressen seien in Bewegung. Zum Schluss können Sie sämtliche Reflexe auf eine Ebene reduzieren und die Pressen in einer Gruppe zusammenfassen.

6.4 Spiegelungen im Boden

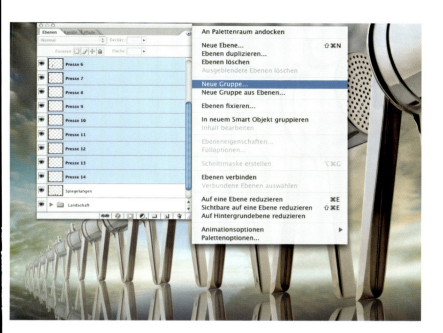

Abbildung 6.12
Durch den tiefstehenden Blickwinkel des Betrachters wirken die Pressen geradezu majestätisch!

COMPOSING & MONTAGE

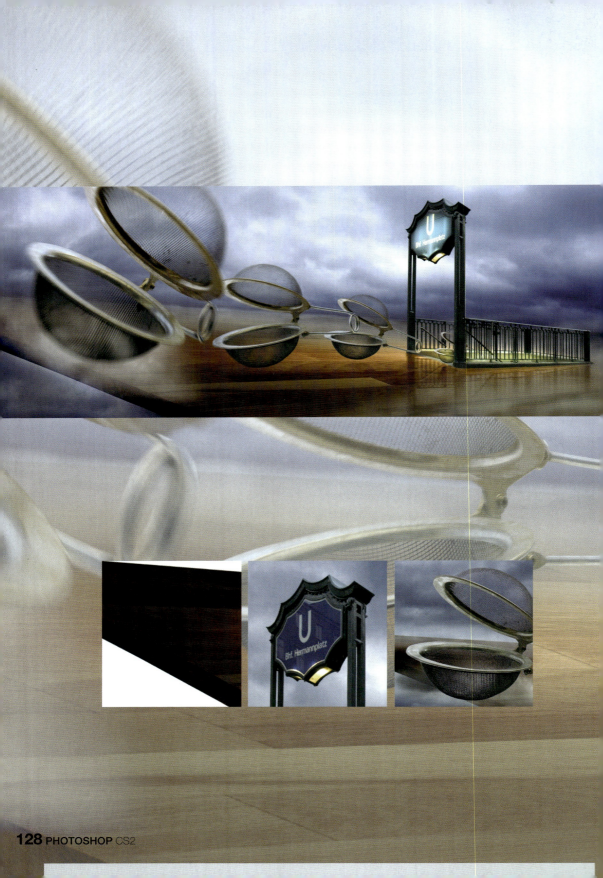

KAPITEL 7
Fliegende Teesiebe

7.1	Landschaft	130
7.2	Eingang	139
7.3	Einbau der Siebe	151

Kapitel 7

Fliegende Teesiebe

Es ist schwer zu sagen, ob riesige Teesiebe aus einem normalen U-Bahn-Ausgang fliegen oder die Siebe eine normale Größe haben und der Ausgang miniaturisiert ist. Fest steht dagegen, dass die Kombination verschieden großer Gegenstände in einem Maßstab eine ganz eigene Spannung aufbaut. Gestalterisch interessant ist die künstliche Erschaffung eines Lichtscheins, der aus dem U-Bahnschacht strahlt.

7.1 Landschaft

Legen Sie eine neue Datei mit weißem Untergrund an (2800 auf 1000 Pixel) und öffnen Sie die Datei *Tischplatte*. Nach dem Freistellen mit dem Pfadwerkzeug und anschließender Umwandlung in eine Auswahl ziehen Sie die Tischplatte per Drag and Drop so in die neue Datei, dass an der unteren und den beiden seitlichen Kanten keine weißen Pixel mehr zu erkennen sind.

Öffnen Sie die Datei *Himmel* und ziehen Sie sie ebenfalls auf die Arbeitsfläche. Ordnen Sie die Himmelsebene dabei als unterste Ebene an, so dass die längste Kante der Tischplatte den Horizont bildet.

Abbildung 7.1
Der düstere Himmel verstärkt den mystischen Eindruck des Bildes.

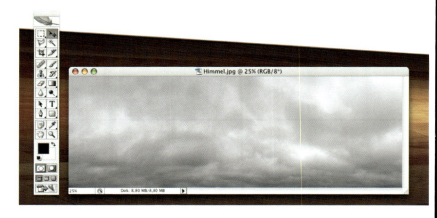

7.1 Landschaft

Nun wird die Himmelsebene über das Menü BEARBEITEN-TRANSFORMIEREN-DREHEN so gedreht, dass die untere Kante des Himmels parallel zur hinteren Kante der Tischplatte verläuft. Dazu ist es hilfreich, die Deckkraft der Tischplatte auf 50 % zu reduzieren. Sind die Kanten parallel, erhöhen Sie die Deckkraft wieder auf 100 %.

Kapitel 7
Fliegende Teesiebe

Um die weiße Ecke im unteren linken Bildrand auszufüllen, kopieren Sie ein Stück des Himmels Ihrer Wahl, das größer ist als die Ecke, und spiegeln Sie es vertikal. Setzen Sie es in eine eigene Ebene, die sich ebenfalls unter der Tischplattenebene befinden muss, und plazieren Sie es so, dass der weiße Hintergrund vollständig verdeckt ist. Zur weiteren Verarbeitung ist es am einfachsten, Ecke und Himmel auf eine Ebene zu reduzieren.

> **Tipp**
> Wählen Sie das Himmelsstück von der rechten Seite des Bildes aus, damit es links nicht zu unverständlichen Spiegelungen kommt.

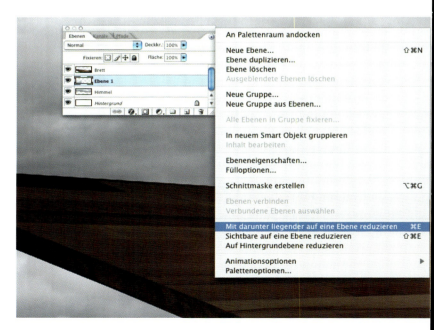

7.1 Landschaft

Um den bleigrauen Himmel in einen dramatischen Sturmhimmel zu verwandeln, muss dessen Kontrast erhöht werden: Ziehen Sie einen Verlauf senkrecht über den Himmel und maskieren Sie mit dem Werkzeugspitzenwerkzeug auch die untere linke Himmelsecke. Legen Sie den Verlauf dabei so an, dass er zum Horizont hin schwächer wird. Wandeln Sie zuletzt die Maske in eine Auswahl um.

Hinweis

Die Maske wird in eine Auswahl umgewandelt und sorgt für einen bedrohlichen Himmel.

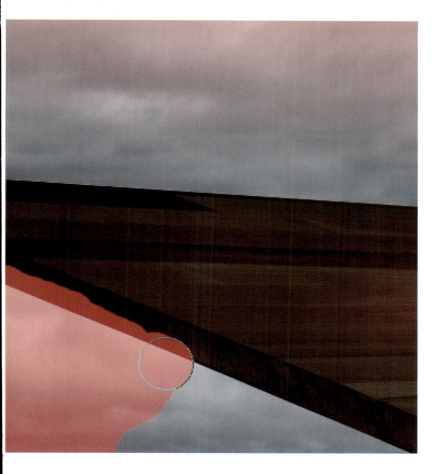

COMPOSING & MONTAGE

Kapitel 7   Fliegende Teesiebe

Über die Tonwertkorrektur erhöhen Sie den Kontrast. Da jede Kontrasterhöhung eine Reduzierung der Tonwerte bedeutet, achten Sie darauf, an keiner Stelle des Himmels reinweiße Pixel zu erzeugen.

Achtung

Bitte achten Sie darauf, bei der Aufteilung des Himmelkontrastes an keiner Stelle reines Weiß zu erzeugen. Dies führt zu hässlichen Tonwertabrissen.

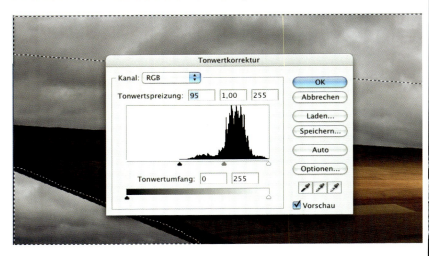

Per Farbbalance wird der Himmel bedrohlich blau, in unserem Beispiel wurde das Blau der Mitteltöne auf 58 % erhöht.

Abbildung 7.2
Durch das Blaufärben des Himmels scheint die Dämmerung hereinzubrechen.

Legen Sie eine neue Ebene an, die Sie *Nebel links* nennen. Wechseln Sie in den Modus *Hartes Licht* und stempeln Sie mit einer weichen und nicht zu kleinen Werkzeugspitze per Stempelwerkzeug aus der Himmelsebene Wolken in die neue Ebene. Stempeln Sie mit einer Deckkraft von etwa 33 %. Der Modus *Hartes Licht* lässt die Wolken wie Nebelschwaden erscheinen! Die Farbsättigung sollten Sie um etwa 75 % verringern, um das »Sturmblau« zu entfernen. Eine Deckkraftverringerung der Ebene auf 65 % macht den Nebel transparent.

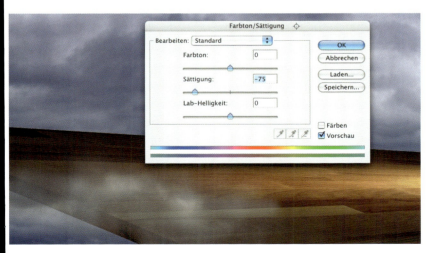

Kapitel 7
Fliegende Teesiebe

Für den Nebel auf der rechten Seite des Bildes legen Sie eine eigene Ebene an, die *Nebel rechts* genannt wird. Verfahren Sie wie zuvor in der Ebene *Nebel links*. Um den Nebel wie von einem Windhauch geformt erscheinen zu lassen, wird er über BEARBEITEN-TRANSFORMIEREN-SKALIEREN in vertikaler Richtung auf etwa doppelte Länge skaliert. Dieser Schritt erhöht die Dramatik des Motivs beträchtlich.

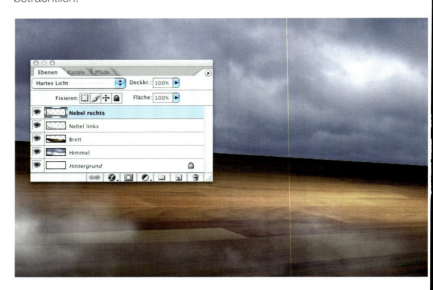

136 PHOTOSHOP CS2

7.1 Landschaft

Abbildung 7.3
Die Skalierung lässt den Nebel wie vom Winde verweht erscheinen.

Um die scharfe Kante des Horizontes abzuschwächen, wird auch an der hinteren Tischkante ein Nebelfeld eingebaut. Hierzu gehen Sie in den Maskierungsmodus und ziehen Sie mit einer etwa 150 Pixel großen Pinselspitze eine unregelmäßige Linie über den unteren Teil des Himmels. Nach dem Umwandeln in eine Auswahl kopieren Sie diese und setzen sie in eine *Nebel hinten* benannte Ebene ein.

Anschließend wird die Ebene horizontal gespiegelt und durch Drehen wieder parallel zum Horizont ausgerichtet. Ändern Sie den Ebenenmodus in *Negativ multiplizieren* und verringern Sie die Farbsättigung der Ebene um etwa 55 %, um den Blauschimmer des Himmels aus dem Nebel zu entfernen.

Kapitel 7 — Fliegende Teesiebe

Hinweis
Das Spiegeln der Ebene verhindert eine Wiederholung des Wolkenmusters.

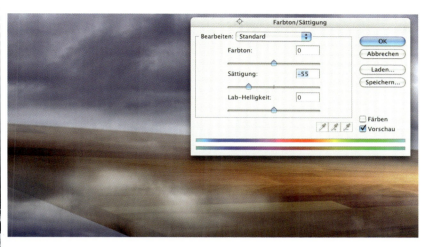

7.2 Eingang

Öffnen Sie die Datei *Eingang* und ziehen Sie das Bild auf die Landschaft. Plazieren Sie es über den beiden vorderen Nebelfeldern, aber unterhalb des hinteren. Achtung Freaks: Wer möchte, kann an Stelle dieser Datei die Datei *Eingang roh* öffnen. Abgesehen von der immensen Freistellarbeit müssen eine verdeckte Ecke neu konstruiert und ein Plakat entfernt werden. Wen drei Tage Arbeit nicht abschrecken, der kann sich an dieser Datei sportlich betätigen!

Tipp

Wenn Sie wollen, können Sie auch die Datei *Eingang roh* öffnen. Das Freistellen wird Sie allerdings eine Weile beschäftigen.

Kapitel 7

Fliegende Teesiebe

Die nächsten drei Schritte knipsen das Licht in der U-Bahn an: Wählen Sie mit dem Polygonlasso oder dem Pfadwerkzeug die vom Geländer unterbrochene Innenseite des Steinsockels aus. Sind alle Zwischenräume ausgewählt, kopieren Sie die Auswahl und setzen Sie sie in eine eigene Ebene ein, ohne sie dabei zu bewegen. Die neue, *Beleuchtung* genannte Ebene muss sich pixelgenau über der Ebene *Eingang* befinden.

Abbildung 7.4
Mit dem Polygonlasso oder dem Pfadwerkzeug wird die Innenseite des Steinsockels ausgewählt. Zur Auswahl mehrerer Flächen müssen Sie die [Shift]-Taste gedrückt halten.

140 PHOTOSHOP CS2

7.2 Eingang

Helligkeit und Kontrast der Ebene werden per Tonwertkorrektur erhöht. Bewegen Sie dazu den rechten Regler im Tonwertkorrekturmenü nach links, bis Sie einen Wert zwischen 60 und 70 erreicht haben. Im Blaukanal (⌘+Strg+1) verschieben Sie den mittleren Regler nach rechts, bis ein mittlerer Gelbton erreicht ist. Zum Schluss wird die linke Lichtkante mit einer großen weichen (ca. 240 Pixel) Radiergummispitze entfernt, um den Lichtschein sanft auslaufen zu lassen.

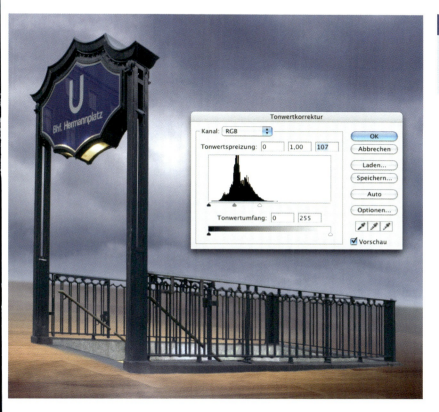

Hinweis
Für diesen Schritt kann auch der Helligkeit/Kontrast-Dialog verwendet werden.

Abbildung 7.5
Die Gelbfärbung des Lichtes verstärkt den Eindruck von künstlichem Licht.

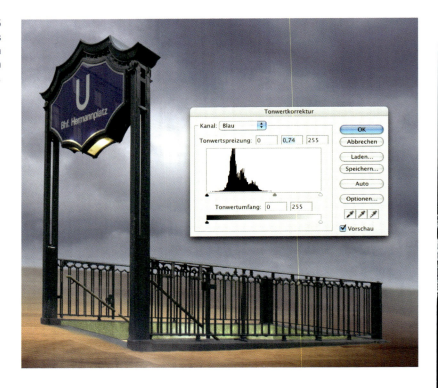

Der Lichtschein beleuchtet auch die Umgebung. Im Maskierungsmodus wird auf der Brettebene der Bereich hinter dem Eingang mit weicher Pinselspitze (Größe ca. 200 Pixel) ausgemalt. Empfehlenswert ist mehrmaliges Darübermalen mit einer Deckkraft von 20 %, vor allem im Bereich direkt hinter dem Eingang, der am stärksten bestrahlt wird. Nach der Umwandlung in eine Auswahl klicken Sie in die Brett-Ebene und hellen per Tonwertkorrektur auf wie beim Steinsockel des Eingangs beschrieben.

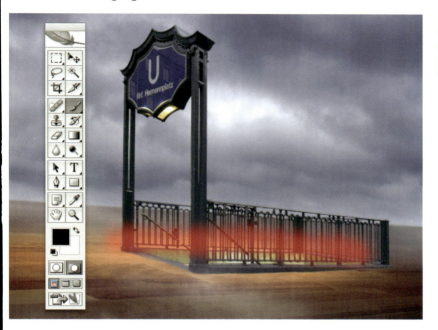

Abbildung 7.6
Durch das Auftragen der Maske bestimmen Sie, wie weit das Licht auf die Holzplatte strahlen wird.

Abbildung 7.7
Auch der Lichtschein auf der Holzplatte muss einen Gelbton erhalten.

Noch sieht unser Leuchtschild etwas dunkel aus. Wer es versuchen will, kann die Datei *Schild* öffnen und mit Freistellen, Skalieren, Neigen und Verzerren das leuchtende Schild einbauen. Wem das zu kitzlig ist, macht Folgendes: Per Zauberstab (Toleranz 35) wird die Schrift ausgewählt, kopiert und in eine eigene Ebene eingesetzt. Sie wird *Schrift* genannt und befindet sich direkt über der Ebene *Eingang*. Da sie erst später benötigt wird, blenden wir sie aus.

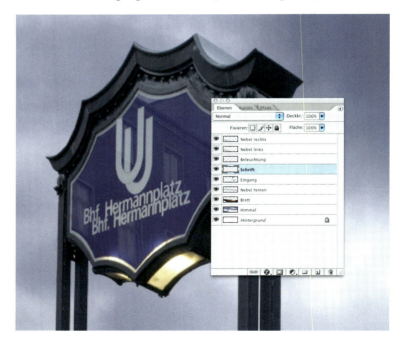

7.2 Eingang

Aktivieren Sie die Ebene *Eingang* und entfernen Sie mit dem Stempelwerkzeug die darauf befindliche Schrift, um den Anteil von blauer Fläche auf dem Schild zu erhöhen. Mit dem Pfadwerkzeug legen Sie einen Pfad um die Fläche, die Sie zum Leuchten bringen wollen. Verwandeln Sie den Pfad in eine Auswahl, deren Kante im Menü AUSWAHL-AUSWAHL VERÄNDERN-WEICHE AUSWAHLKANTE mit drei Pixeln weichgezeichnet wird.

Hinweis
Da das Schild noch mit dem Gaußschen Weichzeichner behandelt wird, kommt es nicht darauf an, den letzten Rest der Reflexionen zu entfernen.

Zurück zur Tonwertkorrektur: Damit werden Helligkeit und Kontrast erhöht, indem der rechte Regler auf einen Wert von 115 geschoben wird. Anschließend verwenden Sie den im Filtermenü befindlichen GAUSSCHEN WEICHZEICHNER und zeichnen so stark weich, bis die Reflexionen der Fenster mit dem Blau des Schildes verschmolzen sind.

COMPOSING & MONTAGE

Abbildung 7.8
Durch eine brutale Tonwertkorrektur wird die blaue Fläche des Schildes so stark aufgehellt, bis es zu strahlen scheint.

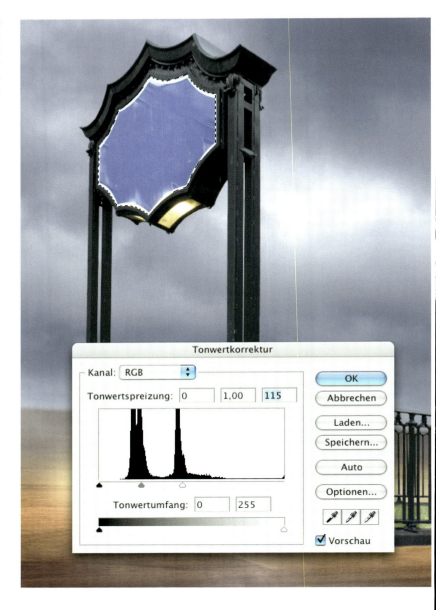

7.2 Eingang

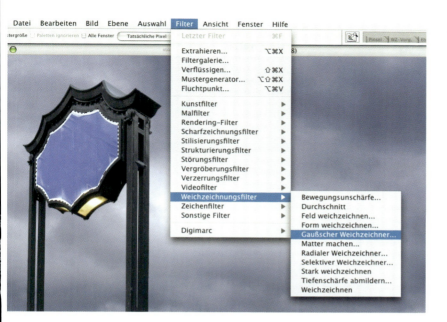

Die zuvor angelegte Ebene *Schrift* wird nun wieder eingeblendet und an der Stelle platziert, wo sich zuvor die alte Schrift befand. Da auch sie wie von innen durchleuchtet erscheinen soll, wird sie in der Tonwertkorrektur durch Verschieben des rechten und mittleren Reglers nach links aufgehellt, bis sie nahezu weiß erscheint. Wer möchte, kann sie ganz leicht weichzeichnen, um sie noch stärker strahlen zu lassen.

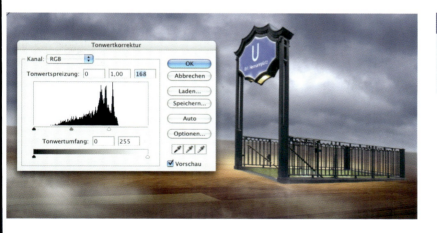

Hinweis

Auch die Schrift wird aufgehellt, um sie ebenso zum Strahlen zu bringen wie das Schild.

Was noch fehlt, ist die optische »Verankerung« des Geländers mit dem Brett: In der Ebene »*Eingang*« wird per Auswahlrechteck der vordere rechte Teil des Geländers ausgewählt, kopiert und in eine Ebene gesetzt, die *Spiegelung rechts* genannt wird. Achten Sie bei der Auswahl darauf, dass die linke Kante des Auswahlrechtecks exakt mit der linken Kante des vorderen Pfostens abschließt!

COMPOSING & MONTAGE **147**

Kapitel 7 Fliegende Teesiebe

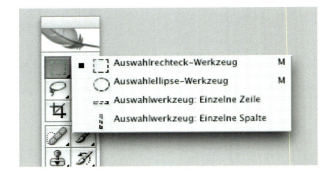

Spiegeln Sie nun die Ebene vertikal und bewegen Sie sie nach unten, bis sich der Steinsockel am linken Ende der Ebene und der Steinsockel des Eingangs gerade berühren. Im Menü BEARBEITEN-TRANSFORMIEREN-NEIGEN wird der rechte Teil der Ebene nach oben geneigt, bis die ganze Ebene bündig am Steinsockel des Eingangs anliegt. Dann wechseln Sie in den Luminanzmodus, um die Anmutung einer Spiegelung zu simulieren.

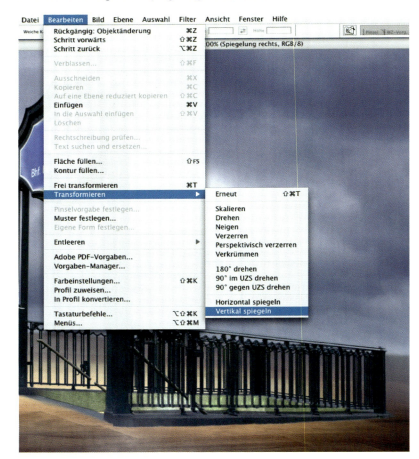

148 PHOTOSHOP CS2

7.2 Eingang

Abbildung 7.9
Die Spiegelung wird so geneigt, dass sie am Steinsockel des Eingangs anliegt.

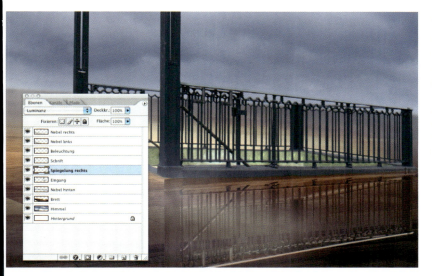

Abbildung 7.10
Der Luminanzmodus sorgt für den Eindruck einer Spiegelung, da er den Untergrund nicht komplett verdeckt. Probieren Sie ruhig noch andere Verrechnungsmodi aus, um zu sehen, in welcher Weise die Ebenen einander durchdringen.

Da eine Spiegelung auf organischem Material wie Holz nicht gänzlich glatt wiedergegeben wird, müssen wir noch etwas tricksen: Im Menü FILTER-WEICH-

Kapitel 7 — Fliegende Teesiebe

ZEICHNUNGSFILTER-BEWEGUNGSUNSCHÄRFE wird die Spiegelung verzerrt. Die Stärke der Verzerrung kann, je nach Gefallen, zwischen 50 und 200 eingestellt werden. Wichtig jedoch ist, einen Winkel von 90° zu wählen, um ein natürliches Aussehen der Spiegelung zu erhalten.

> **Hinweis**
> Erst die Behandlung der Spiegelung mit dem Bewegungsunschärfe-Filter lässt sie echt wirken.

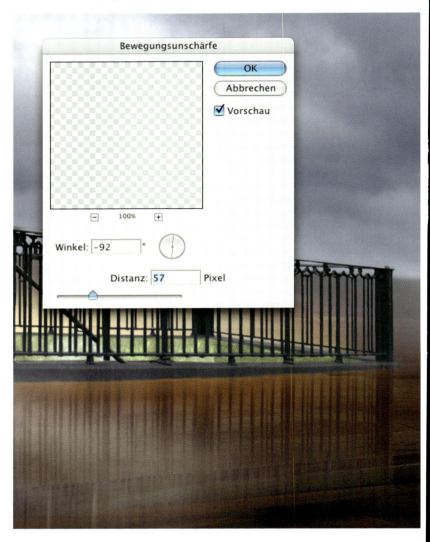

Für die Spiegelung des hinteren Teils des Geländers verfahren Sie ebenso wie beim vorderen Teil, wobei die neue Ebene als SPIEGELUNG LINKS bezeichnet wird. Geben Sie bei der Auswahl Acht, dass sie genau bis an den rechten Hauptpfosten des Eingangs heranreicht, ohne dessen Pixel mit einzubeziehen!

Nach der Filterbehandlung mit der Bewegungsunschärfe bleibt nur noch, den nicht erwünschten Teil der Spiegelung über der obersten Treppenstufe wegzuradieren.

Abbildung 7.11
So sieht das Ergebnis des fertigen Eingangs aus.

7.3 Einbau der Siebe

Öffnen Sie die Datei *Sieb*. Über das Menü AUSWAHL-FARBBEREICH AUSWÄHLEN wird der Hintergrund gewählt (Blautöne, Toleranz 200), da er nur aus einem einzigen Farbton besteht. Nach dem Umkehren der Auswahl können Sie das Sieb auf Ihre Arbeitsfläche ziehen und die neu entstandene Ebene *Sieb 1* nennen. Sie wird oberhalb der Ebene *Nebel rechts* angeordnet, wobei das Sieb von der oberen Bildkante beschnitten wird.

Kapitel 7 Fliegende Teesiebe

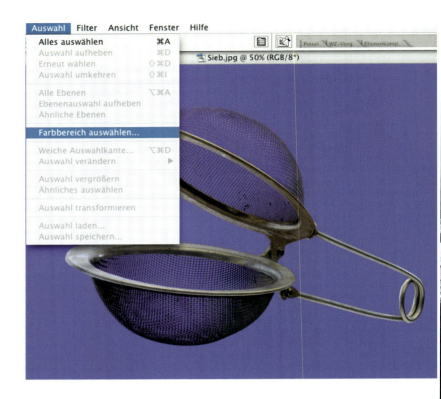

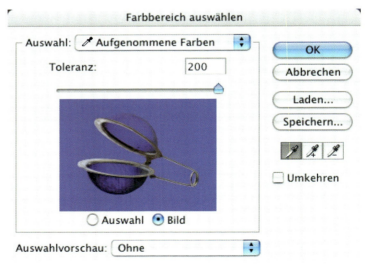

7.3 Einbau der Siebe

Noch sieht man dem Sieb an, dass es vor blauem Hintergrund fotografiert wurde. Um die blauen Übergangspixel los zu werden, ohne sie zu entfernen, muss über FARBTON-SÄTTIGUNG ([⌘]+ oder [Strg]+[U]) die Sättigung verringert werden. Dazu wählen Sie im genannten Menü als zu bearbeitenden Bereich die Blautöne aus und reduzieren sie um etwa 60 bis 70 %.

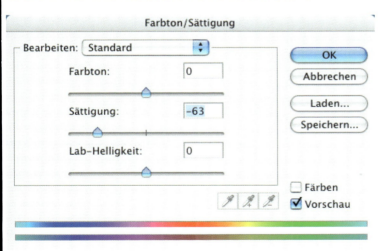

Da das Sieb viermal gebraucht wird, duplizieren Sie die Ebene noch insgesamt dreimal. Bezeichnet werden sie als *Sieb 2*, *Sieb 3* und *Sieb 4*. Zunächst kümmern wir uns allerdings um Sieb 1, weshalb die drei anderen vorerst ausgeblendet werden. Wer will, kann die Siebe zu einer Ebenengruppe zusammenfassen.

Kapitel 7
Fliegende Teesiebe

Hinweis

Da Sieb 1 zuerst bearbeitet wird, werden die anderen Siebe solange ausgeblendet.

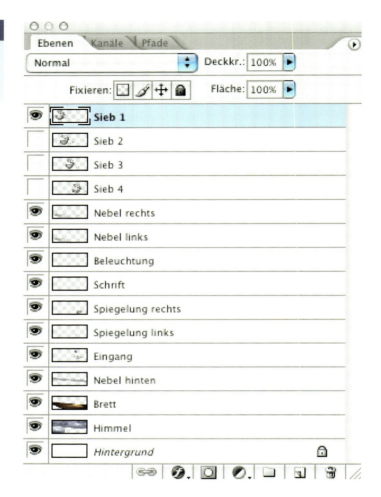

Das sichtbare Sieb soll eine etwas andere Flugrichtung bekommen als die drei anderen. Deswegen muss die Perspektive des Griffes geändert werden. Wählen Sie ihn mit dem Polygonlasso aus. Lassen Sie dabei ruhig die Griffansätze am Sieb stehen. Setzen Sie den Griff nun in eine eigene Ebene *Griff 1*, die unter *Sieb 1* platziert wird.

7.3 Einbau der Siebe

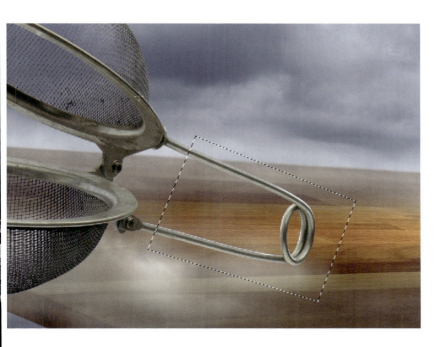

Als Nächstes müssen die Griffstangen auf etwa die halbe Länge gekürzt werden, beispielsweise mit einer harten Radiergummispitze. Zurück in die Ebene *Sieb 1*: Hier werden die Reste des Griffes entfernt. Dies können Sie entweder mit dem Radiergummi oder mit dem Polygonlasso erledigen.

Kapitel 7
Fliegende Teesiebe

Abbildung 7.12
Die kürzeren Stangen verkürzen die Gesamtperspektive des Siebes. Es sieht aus, als wäre es aus einem anderen Winkel als die übrigen Siebe fotografiert worden.

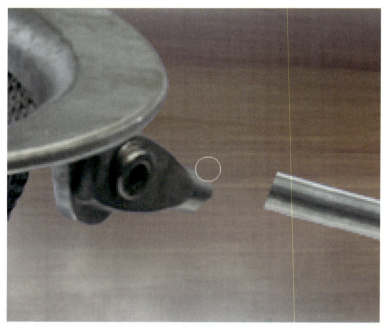

7.3 Einbau der Siebe

Bewegen Sie den Griff, der ja auf einer eigenen Ebene liegt, an das Sieb heran. Dazu muss er über BEARBEITEN-TRANSFORMIEREN-SKALIEREN leicht »gestreckt« werden. Die dabei automatisch auftretende Verzerrung ist aber durchaus erwünscht, da sie der Perspektive eines auf den Betrachter zufliegenden Objektes voll entspricht!

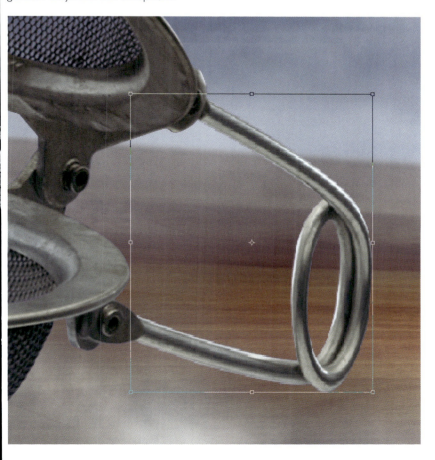

Reduzieren Sie die beiden Ebenen *Sieb 1* und *Griff 1* auf eine Ebene und drehen Sie das Sieb ungefähr 30° im Uhrzeigersinn. Dies verleiht ihm eine stärkere Dynamik. Um diese noch zu intensivieren, benutzen Sie aus den FILTER-WEICHZEICHNEN den RADIALEN WEICHZEICHNER. Als Methode wählen Sie »Strahlenförmig«, als Qualität empfiehlt sich »Sehr gut«, auch wenn der Rechner dafür etwas länger braucht. Versuchen Sie, den Ausgangspunkt für die radiale Verzerrung durch Verschieben des Koordinatenfensters auf das Sieb zu legen.

COMPOSING & MONTAGE **157**

Kapitel 7　　　Fliegende Teesiebe

Abbildung 7.13
Die Drehung verleiht dem Sieb mehr Bewegungsdynamik. Eine Drehung in die entgegengesetzte Richtung würde es statischer und ruhiger erscheinen lassen.

Tipp

Zum Testen, ob der radiale Weichzeichner das tut, was Sie wollen, reicht durchaus die Entwurfsqualität. Wenn alles stimmt, machen Sie den letzten Schritt rückgängig und wiederholen ihn in der Qualitätsstufe *Sehr gut*.

Blenden Sie nun die Ebene *Sieb 2* wieder ein und skalieren Sie das Sieb entsprechend der Abbildung. Da auch dieses Sieb dem Betrachter recht nah ist, muss seine Bewegung angedeutet werden, und zwar über die Bewegungsunschärfe, die Sie ebenfalls im Filtermenü finden. In unserem Beispiel haben wir einen Winkel von -5° und eine Distanz von 9 Pixeln verwendet.

7.3 Einbau der Siebe

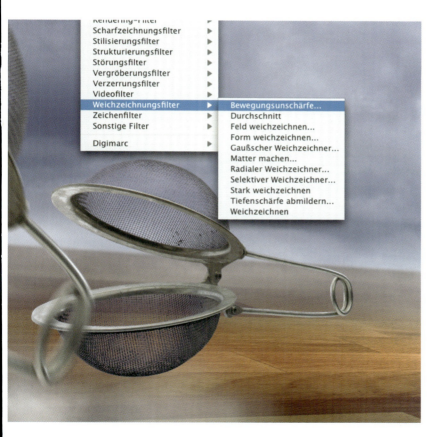

COMPOSING & MONTAGE

Kapitel 7 Fliegende Teesiebe

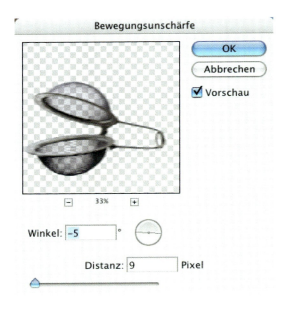

Nachdem die ersten beiden Siebe ihren Platz gefunden haben, blenden Sie nun *Sieb 3* ein. Um seine Herkunft als Klon von *Sieb 2* etwas zu vertuschen, drehen Sie es um einige Grad und skalieren es, bis es etwa zwei Drittel der Größe von *Sieb 2* hat. Achten Sie darauf, dass es von dessen Ebene verdeckt ist und nicht umgekehrt.

Hinweis

Das Drehen des Siebes ist wichtig, um es nicht sofort als Kopie von Sieb 2 erkennbar zu machen.

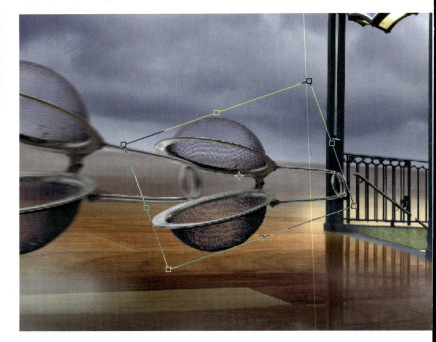

7.3 Einbau der Siebe

Als Letztes wird *Sieb 4* eingeblendet, ebenfalls skaliert und gedreht und der Abbildung entsprechend direkt vor dem Eingang plaziert.

Im folgenden Schritt müssen allerdings noch diejenigen Teile des Siebes entfernt werden, die vom Eingang verdeckt sind. Als Werkzeug eignet sich hierzu am besten das bewährte Polygonlasso. Wählen Sie damit all die Teile des Geländers aus, die vom Sieb verdeckt sein müssen. Sie müssen dazu dessen Ebene nicht verlassen. Am besten verringern Sie die Deckkraft des Siebes um 50 %, um das Geländer sehen zu können. Zum Schluss löschen Sie in der Siebebene die ausgewählten Flächen und erhöhen die Deckkraft wieder auf 100 %.

Kapitel 7
Fliegende Teesiebe

> **Hinweis**
> Bevor Sie die ausgewählten Bildteile löschen, geben Sie der Auswahl eine weiche Kante von 0,5 Pixeln.

Da *Sieb 4* sehr nahe an der Holzoberfläche ist, benötigt es einen Schatten. Per Auswahlrechteck wählen Sie die untere Hälfte des Siebes aus, kopieren es und setzen es in eine neue Ebene, die *Schatten 4* genannt wird. Spiegeln Sie es vertikal und wechseln Sie in den Luminanzmodus, da der Schatten keine Farbinformationen besitzt.

7.3 Einbau der Siebe

Tipp

Das Ebenenfenster ist zwar noch recht übersichtlich, dennoch könnten Sie ja ein bisschen aufräumen und beispielsweise die Siebe in eine eigene Gruppe stecken.

Kapitel 7
Fliegende Teesiebe

Nun radieren Sie gerade so viel des Schattens weg, bis nichts mehr von der Siebfassung zu sehen ist und nur ein linsenförmiger Rest übrig bleibt. Setzen Sie zum Radieren eine sehr weiche Werkzeugspitze ein, damit der Schatten sanft ins Nichts auslaufen kann.

Der Schatten ist grundsätzlich weicher als der Gegenstand, der ihn verursacht, zumal die Sonne von dicken Wolken verdeckt ist. Also bemühen wir ein vorletztes Mal den GAUẞSCHEN WEICHZEICHNER und zeichnen den Schatten mit einem Wert von 5 - 10 Pixeln weich. Zum Schluss bekommt das ebenfalls nah an der Holzoberfläche dahin fliegende Sieb auf gleiche Weise einen Schatten.

7.3 Einbau der Siebe

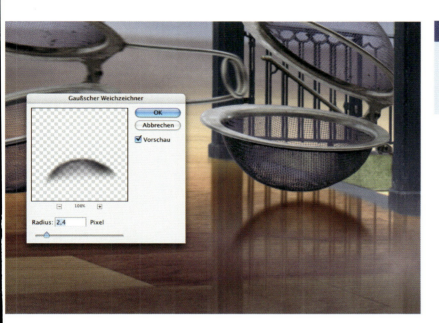

Hinweis

Da der Schatten weicher ist als der Gegenstand, der ihn verursacht, wird er weichgezeichnet.

Abbildung 7.14
Unheimliche Begegnung: Das fertige Composing der ausschwärmenden Teesiebe.

KAPITEL 8
Alles super!

8.1 Teil 1: Einbau des Jets 168
8.2 Ready for landing... 176

COMPOSING & MONTAGE

Kapitel 8 — Alles super!

Dieser Workshop fällt etwas aus dem Rahmen: Kein surrealer Einfluss, nichts, was man nicht wirklich genau so arrangieren könnte, um es ohne jede Hilfe von Photoshop mit einem einzigen Foto festzuhalten. Allerdings muss keine Autobahn abgesperrt werden, damit der Flieger landen kann, auch die Tankstelle kann an Ort und Stelle bleiben. Man kann also sagen, dass Photoshop die Darstellung dieser Situation sehr stark vereinfacht. Wichtigstes Ziel ist es, den Jet, der in einer völlig anderen Lichtsituation fotografiert wurde, der Dämmerungsstimmung der Tankstelle anzupassen.

8.1   Teil 1: Einbau des Jets

Legen Sie eine querformatige Datei der Größe 42,8 x 25,0 cm bei 72 dpi an und nennen Sie sie *Alles super*. Als Dateiformat empfehle ich psd, denn obwohl Photoshop CS 2 auch tiffs mit mehreren Ebenen unterstützt, würden diese in einer älteren Version auf die Hintergrundebene reduziert. Öffnen Sie die Datei *Tankstelle* und ziehen Sie sie auf *Alles super*.

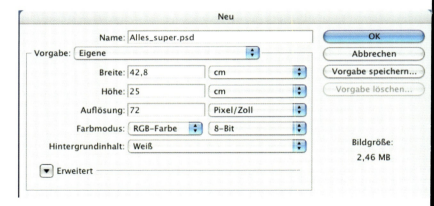

> **Hinweis**
> Für eilige: Sie können die bereits freigestellte Datei Jet_frei verwenden.

Öffnen Sie die Datei *Jet* und stellen Sie den Jet frei. Prinzipiell eignen sich hierzu das Extrahierenwerkzeug oder das Pfadwerkzeug. Da sich die Glaskanzel jedoch kaum vom Himmel abhebt, muss sie in jedem Fall per Pfad freigestellt werden. Benennen Sie die Ebenen zur leichteren Orientierung und vergessen Sie nicht, rechts des Triebwerks den letzten Rest Hintergrund zu entfernen.

8.1 Teil 1: Einbau des Jets

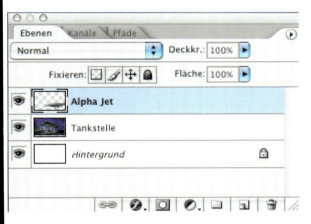

Hinweis

Vorsicht Tücke: Vergessen Sie nicht, das kleine Stück Hintergrund rechts des Triebwerks zu entfernen!

Kapitel 8 Alles super!

Nun muss der Jet an das Umgebungslicht adaptiert werden. Als Erstes führen Sie eine Farbkorrektur durch, um das blaue Licht der Tankstelle und den bläulichen Schimmer der Dämmerung zu simulieren. Gehen Sie hierzu auf der Ebene *Alpha Jet* über BILD-ANPASSEN in die Farbkorrektur und geben Sie 25 % Cyan und 40 % Blau hinzu. Als Nächstes werden Helligkeit und Kontrast über die Tonwertkorrektur beeinflusst, indem der mittlere Schieber auf den Wert 0,79 gezogen wird. Natürlich können Sie andere Werte einsetzen, falls Ihnen die Darstellung zu hell oder zu dunkel erscheint.

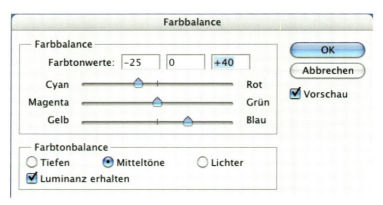

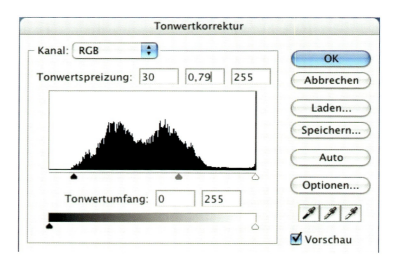

8.1 Teil 1: Einbau des Jets

Abbildung 8.1
Farbe und Kontrast sind bereits dem Dämmerlicht angepasst.

Der Glaskanzel fehlt noch der nötige Durchblick, also muss sie transparent gemacht werden: Dazu werden alle hellen Bildteile ausgewählt. Sie können dies entweder mit dem Zauberstab bei einer Toleranz zwischen 10 und 20 erledigen oder aber den ganz exakten Weg über den guten alten Pfad nehmen. Sind alle Teile ausgewählt, empfiehlt sich eine weiche Auswahlkante von 0,5 Pixeln.

COMPOSING & MONTAGE **171**

Kapitel 8   Alles super!

Tipp

Die weiche Auswahlkante sorgt für natürlichere Übergänge und vermeidet harte Kanten.

Auswahl	Filter	Ansicht	Fenster
Alles auswählen			⌘A
Auswahl aufheben			⌘D
Erneut wählen			⇧⌘D
Auswahl umkehren			⇧⌘I
Alle Ebenen			⌥⌘A
Ebenenauswahl aufheben			
Ähnliche Ebenen			
Farbbereich auswählen...			
Weiche Auswahlkante...			⌥⌘D
Auswahl verändern			▶
Auswahl vergrößern			
Ähnliches auswählen			
Auswahl transformieren			
Auswahl laden...			
Auswahl speichern...			

Da die Auswahl bearbeitet wird, müssen Sie in den Maskierungsmodus wechseln. Je nach Photoshop-Einstellung muss sie zuvor umgekehrt werden (AUSWAHL-AUSWAHL UMKEHREN). Radieren Sie mit einer sehr weichen Pinselspitze (Durchmesser etwa 45) die geschwungene obere Kante der Maske weg. Anschließend wandeln Sie die Maske wieder in eine Auswahl um und löschen deren Inhalt: Bis auf einen hellen Schimmer ist die Kanzel nun transparent.

172 PHOTOSHOP CS2

8.1 Teil 1: Einbau des Jets

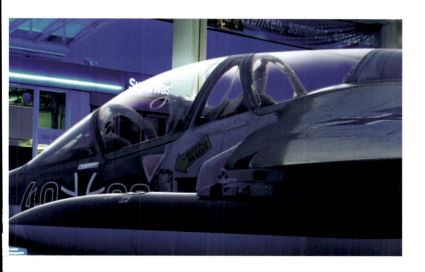

Hinweis
An der Stelle, wo die Maske wegradiert wurde, kann sie nicht wirksam werden. Ein Teil der ursprünglichen Glaskanzel bleibt also stehen und wirkt wie die Reflexion des Tankstellenlichtes.

In diesem Schritt sind Kreativität und Vorstellungsvermögen gefragt: Um den Jet optisch auf dem Boden zu verankern, benötigt er einen Schatten. Legen Sie im Modus *Multiplizieren* die Ebene *Schatten* zwischen den Ebenen *Tankstelle* und *Alpha Jet* an und blenden Sie Tankstelle des besseren Überblicks wegen aus, falls Sie der unruhige Untergrund stört. Wählen Sie als Vordergrundfarbe Schwarz, die Deckkraft des Werkzeugs beträgt etwa 30 % und los geht's:

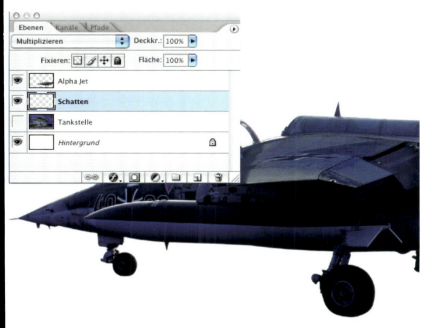

Tipp
Blenden Sie die Tankstellenebene aus, um den Schatten zu malen, falls Sie der Untergrund stört.

COMPOSING & MONTAGE

Kapitel 8   Alles super!

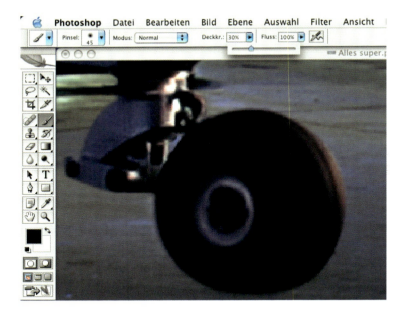

Eine sehr weiche Pinselspitze von 45 Pixeln Durchmesser malt den Hauptschatten, während eine kleinere, ebenfalls weiche Spitze an der Stelle eingesetzt wird, wo die Reifen den Boden berühren. Dort sollten Sie die Spitze mehrmals ansetzen, bis ein sehr dunkles Grau erreicht ist. Blenden Sie die Ebene *Tankstelle* wieder ein.

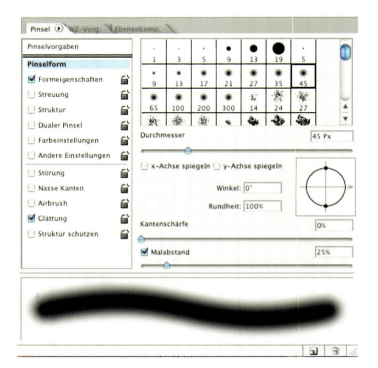

8.1 Teil 1: Einbau des Jets

COMPOSING & MONTAGE

Kapitel 8   Alles super!

Abbildung 8.2
So etwa sieht der Schatten des Jets auf weißem Untergrund aus.

8.2 Ready for landing...

Wie soll ein Jet an die Tankstelle rollen, wenn die Lichter nicht funktionieren: Zunächst bauen Sie die Positionsleuchte backbord ein, die rot sein muss. Zum Glück, denn das Licht besorgen Sie sich ganz einfach von dem weißen Kombi. Umranden Sie mit dem Lasso die hell erleuchteten Teile des Rücklichts und speichern Sie die Auswahl, sie wird noch gebraucht. Kopieren Sie sie in die Ebene *Pos Leuchte backbord*, die Sie zuvor anlegen, und führen Sie sie mit dem Bewegenwerkzeug an die Stelle der dunklen Positionsleuchte am äußersten Ende der Tragfläche.

Abbildung 8.3
So wird das Rücklicht zur Positionsleuchte.

8.2 Ready for landing...

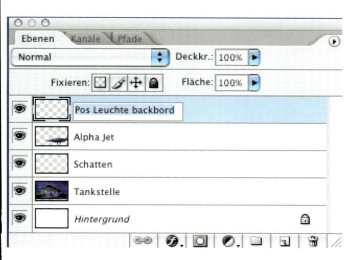

Über das Menü BEARBEITEN-TRANSFORMIEREN-VERZERREN ziehen Sie die rechte obere Ecke der Ebene so weit, bis sie die ganze zuvor dunkle Leuchte bedeckt. Nun müssen Sie die Leuchte nur noch in Form bringen: Reduzieren Sie die Deckkraft der Ebene vorübergehend auf 30 % und radieren Sie alles über den Rand der dunklen Leuchte Hinausstehende mit einer kleinen weichen Werkzeugspitze, z. B. Durchmesser 9, weg.

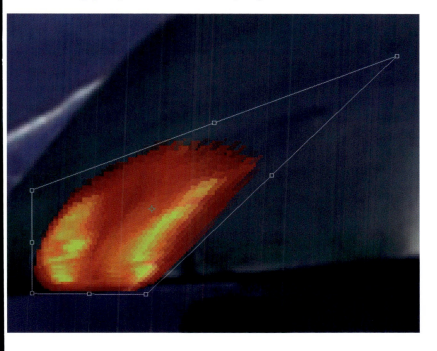

Kapitel 8 Alles super!

> **Hinweis**
>
> Wenn Sie nicht mit dem Radiergummi arbeiten wollen, legen Sie einen Pfad um die Leuchte, wandeln ihn in eine Auswahl um, die eine weiche Kante von 0,5 Pixeln bekommt. Dann kehren Sie die Auswahl um und löschen die überstehenden Konturen der Leuchte.

Da Sie die Auswahl der roten Rückleuchte gespeichert haben, bauen Sie die Positionsleuchten in der Mitte und am Heck des Jets ebenso ein wie die Leuchte an der Tragfläche. Allerdings verpassen Sie diesen beiden Leuchten einen Lichtschein: In der Ebene *Alpha Jet zeichnen* Sie im Maskierungsmodus mit einer weichen Pinselspitze (Durchmesser 21) einen Punkt, dessen Zentrum die Positionsleuchte mitte bzw. die Positionsleuchte achtern sind. Wechseln Sie zurück in den Auswahlmodus und ändern Sie den Farbton, bis Sie ein sattes Orange-Rot erreicht haben. Wenn Sie mit dem Ergebnis zufrieden sind, reduzieren Sie sämtliche Positionslichter-Ebenen auf die Ebene *Alpha Jet*.

8.2 Ready for landing...

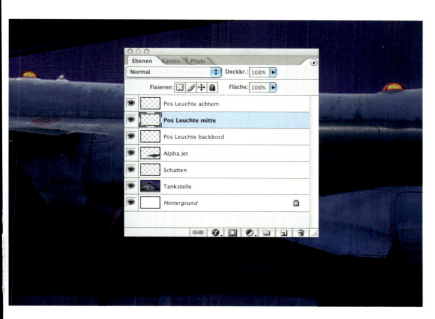

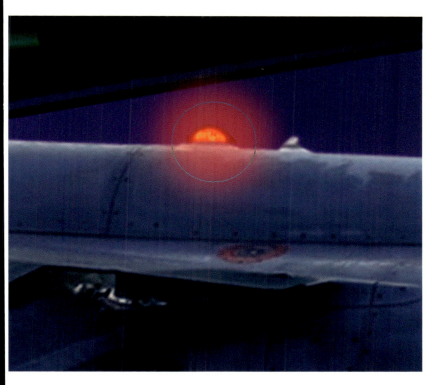

Abbildung 8.4
Die Positionsleuchten mitte und achtern werden auf die gleiche Weise eingebaut wie die Tragflächenleuchte, sie bekommen jedoch über das Menue BEARBEITEN-ANPASSEN-FARBTON/SÄTTIGUNG einen Lichthof.

COMPOSING & MONTAGE

Kapitel 8 Alles super!

Auf dieselbe Weise werden nun die Landescheinwerfer installiert: Hierfür wählen Sie eine der ovalen Lichtquellen unter dem Tankstellendach mit dem Lasso aus. Legen Sie die Ebene *Scheinwerfer backbord* an und setzen Sie die soeben kopierte Auswahl ein. Bewegen Sie die Lichtquelle an die Stelle des Scheinwerfers, drehen Sie sie in die richtige Position und radieren Sie – wenn nötig – mit einer beinahe scharfen Werkzeugspitze deren Ränder, bis ein sichelförmiges Aussehen erreicht ist.

Hinweis
Aus der Tankstellenbeleuchtung lässt sich ein wunderbarer Landescheinwerfer konstruieren.

8.2 Ready for landing...

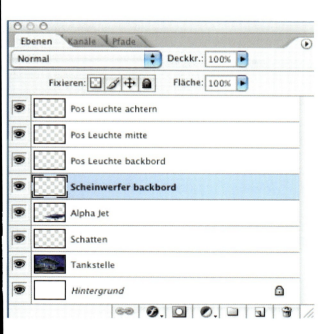

Es werde Licht: Ziehen Sie per Lasso ein Trapez ähnlich dem in der Abbildung und geben Sie dieser Auswahl eine weiche Kante von 2 Pixeln. Da wir die Auswahl später noch benötigen, wird sie gespeichert. Gehen Sie in die Ebene *Tankstelle* und kopieren Sie die Auswahl. Zur einfacheren Bearbeitung emp-

COMPOSING & MONTAGE **181**

Kapitel 8   Alles super!

fehle ich, die Tankstelle jetzt auszublenden. Dann legen Sie eine Ebene *Lichtschein links* an, in die die Auswahl eingesetzt wird.

Hinweis

Beim Auswählen dieser trapezähnlichen Figur stellen Sie sich einfach vor, wie die vom Scheinwerfer beleuchtete Fläche aussehen könnte.

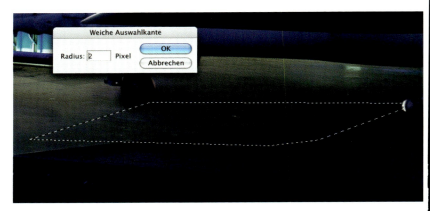

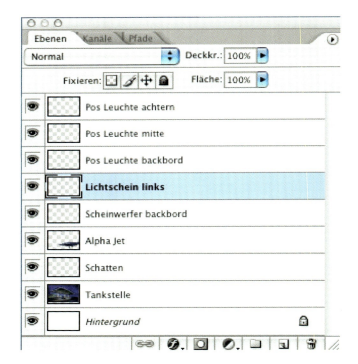

Im Maskierungsmodus ziehen Sie einen linearen Verlauf von der linken unteren Ecke des Trapezes bis zum Scheinwerfer. Verwandeln Sie den Verlauf in eine Auswahl und löschen Sie den Inhalt. Das Trapez müsste nun von rechts nach links heller werden. Blenden Sie nun die Ebene *Tankstelle* wieder ein und öffnen Sie die Tonwertkorrektur. Durch Verschieben des mittleren Reglers nach links wird der Lichtschein sichtbar.

8.2 Ready for landing...

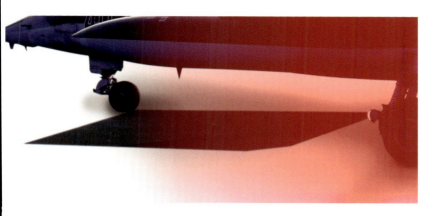

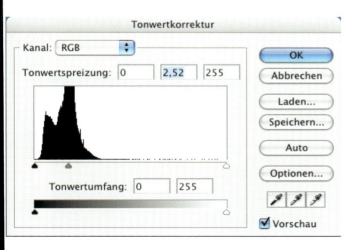

Abbildung 8.5
Das ausgewählte Stück Boden wird mit der Tonwertkorrektur erhellt. Hellen Sie nur soviel auf, dass sich der Lichtschein deutlich abhebt. Achten Sie darauf, dass die Gradationswerte im mittleren Fenster 2,75 nicht übersteigen.

Kapitel 8   Alles super!

Was noch fehlt, ist die passende Farbe des Lichts: Da Scheinwerfer allesamt mit wenigen Ausnahmen gelbliches Kunstlicht aussenden, muss die Farbbalance über das Menü BILD-ANPASSEN verändert werden. In unserem Beispiel habe ich 37 % Gelb zugegeben, Sie können aber auch je nach Monitor und Geschmack mehr oder weniger Gelb verwenden.

> **Hinweis**
>
> Durch die Farbverschiebung nach Gelb bekommt das Licht den Charakter von Scheinwerferlicht.

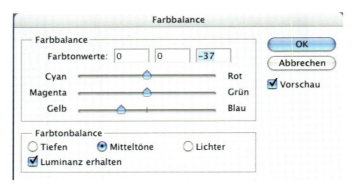

Auf ähnliche Weise wird nun der Lichtkegel konstruiert, also die Stelle, an der das Licht auf den Boden trifft: Ziehen Sie mit dem Auswahlwerkzeug eine Ellipse. Tipp: Wenn Ihnen die Form gefällt, wobei Sie sich an der Abbildung orientieren können, nur die Stelle noch nicht, können Sie die Auswahl bewegen, wenn sich der Mauszeiger innerhalb der Ellipse befindet. Geben Sie der Auswahl eine weiche Kante von 12 Pixeln.

Wie beim Lichtschein auch wird die Auswahl aus der Ebene *Tankstelle* heraus kopiert. Wechseln Sie also in diese Ebene und kopieren Sie die Auswahl. Legen Sie zwischen *Lichtschein links* und *Scheinwerfer backbord* die Ebene *Lichtkegel links* an und setzen Sie Ihre Auswahl dort ein. Speichern Sie die Auswahl, Sie benötigen sie gleich für den rechten Lichtschein.

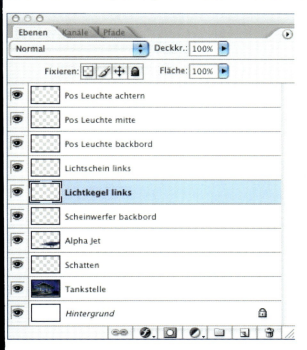

Kapitel 8   Alles super!

Blenden Sie die Ebene *Tankstelle* aus. Da der Lichtkegel um so dunkler wird, je weiter er von der Lichtquelle entfernt ist, müssen Sie wie beim Lichtschein auch einen Verlauf einarbeiten: Im Maskierungsmodus ziehen Sie wie gehabt einen linearen Verlauf, der, in eine Auswahl umgewandelt, gelöscht wird.

> **Hinweis**
>
> Auch die Intensität des Lichtkegels nimmt mit zunehmender Entfernung zum Scheinwerfer ab.

Nun blenden Sie die Tankstelle wieder ein und verfahren wie zuvor beim Lichtschein: Über die Tonwertkorrektur hellen Sie den Lichtkegel auf. Diesmal erhöhen Sie nicht nur die Helligkeit (mittlerer Regler), sondern auch noch den Kontrast, indem Sie den rechten Regler betätigen. Dies geschieht am besten mit einer neuen Einstellungsebene, die Sie die Tonwertkorrektur auch nachträglich verändern lässt. Sorgen Sie dafür, dass der entstehende Lichtkegel etwas heller wird als der Lichtschein. Die Farbkorrektur wird zum Schluss durchgeführt. Sollten Sie im letzten Schritt etwas zu stark aufgehellt haben, lässt sich die Farbbalance kaum verändern. In diesem Fall verringern Sie die Sättigung im Menü BILD-EINSTELLEN-FARBTON/SÄTTIGUNG der Ebene um 30-35 % und wenden danach die Farbbalance erneut an.

8.2 Ready for landing...

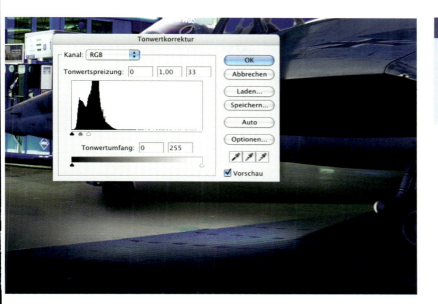

Tipp

Hier lohnt sich der Einsatz einer Einstellungsebene, da Sie die Tonwertkorrektur nachträglich verändern oder zurücknehmen können.

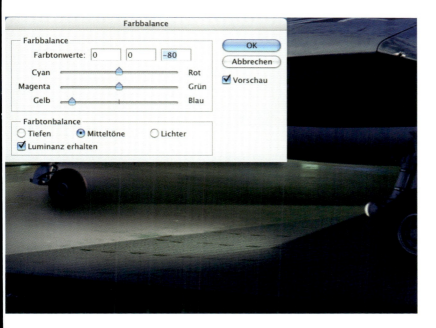

Bauen Sie nun den anderen Landescheinwerfer ein, was durch die gespeicherten Auswahlen unproblematisch ist. Es sollte Sie nicht irritieren, dass der Scheinwerfer unsichtbar ist, aus der Betrachterperspektive ist er vom Fahrwerk verdeckt. Strahlen tut er dennoch. Und wer jetzt stöhnt: Genau der Einbau solcher kleiner Details macht Ihr Bild glaubwürdig.

Kapitel 8 — Alles super!

Hinweis

Nur nicht weich werden: Obwohl der rechte Landescheinwerfer unsichtbar ist, muss sein Lichtschein dennoch sichtbar sein.

Genug der Lichter. Bevor Sie sich der Cockpithaube noch einmal widmen, sollten Sie die obersten fünf Ebenen in einer neuen Gruppe *Lichter* zusammenfassen. Nun zum Cockpit: Der durch das Glas der Haube sichtbare Teil der Tankstelle muss verzerrt erscheinen. Kopieren Sie per Auswahlwerkzeug aus der Ebene *Tankstelle* den Teil aus, der hinter der Glashaube zu sehen ist. Setzen Sie ihn in eine Ebene, die Sie *Glashaube* nennen, und ordnen Sie diese direkt oberhalb der Tankstelle an.

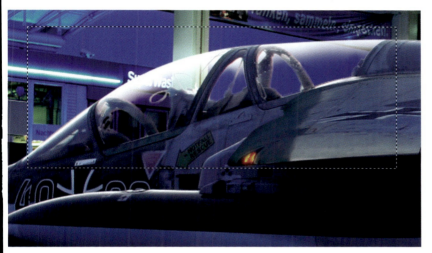

Abbildung 8.6
Alles, was durch die Glaskanzel zu sehen ist, muss auf Grund der Glasbrechung verzerrt wiedergegeben werden.

Diese Ebene bearbeiten Sie mit dem Verflüssigenwerkzeug, das Sie an zweiter Stelle im Filtermenü vorfinden. Probieren Sie ruhig mehrere Varianten mit verschieden großen Werkzeugspitzen aus. Weiche Spitzen verursachen eine Unschärfe, harte dagegen verzerren nur, erhalten aber die Schärfe. Wenn Ihnen das Ergebnis gefällt, klicken Sie auf »OK«. Verschieben Sie die Ebene um einige Millimeter, das verdeutlicht die Lichtbrechung, die die Glashaube verursacht.

Hinweis

Das Verflüssigenwerkzeug ist eines der faszinierendsten Werkzeuge von Photoshop. Es lohnt sich, ausgiebig damit zu experimentieren!

Kapitel 8 — Alles super!

Der überstehende Teil der Ebene *Glashaube* muss nun gelöscht werden. Klicken Sie mit dem Zauberstab bei sehr geringer Toleranz in der Ebene *Alpha Jet* auf eine Stelle außerhalb des Jets. Wechseln Sie in die Ebene *Glashaube* und löschen Sie den Inhalt der Auswahl. Eine Tonwertkorrektur, bei der Sie die Tonwerte 0 bis 58 abschneiden, und eine Farbkorrektur, bei der Sie den kühlen Farbton des Glases imitieren, machen die Glashaube perfekt.

8.2 Ready for landing...

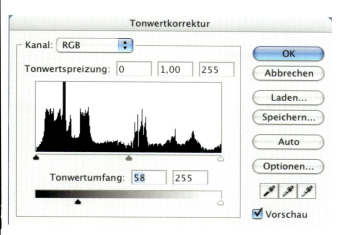

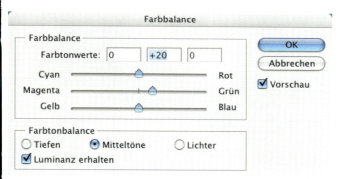

Abbildung 8.7
Da Glas nie alles Licht durchlässt und auch meistens eine leichte Eigenfärbung hat, müssen eine Tonwert- und eine Farbkorrektur das Stück Tankstelle hinter der Kanzel ins richtige Licht setzen.

COMPOSING & MONTAGE 191

Kapitel 8
Alles super!

Öffnen Sie die Datei *Pilot vorn* und ziehen Sie sie auf die Arbeitsfläche. Platzieren Sie die Ebene als oberste über der Gruppe *Lichter*. Beim anschließenden Skalieren halten Sie die [Shift]-Taste gedrückt, um Höhe und Breite gleichermaßen zu verändern. Orientieren Sie sich bei der Größe an der Abbildung oder an dem staunenden Kerl an der Zapfsäule.

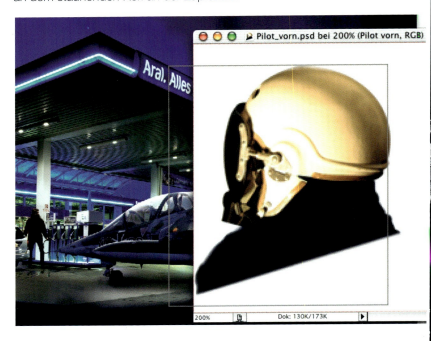

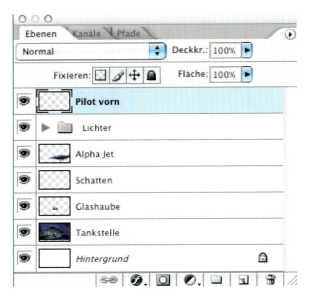

8.2 Ready for landing...

Tipp

Skalieren Sie die Piloten ruhig sehr klein. Man neigt dazu, Personen, die eingebaut werden, zu groß zu skalieren.

Verringern Sie die Deckkraft der Pilotenebene auf 50 %, so dass der Pilotensitz durchschimmert. Falls Sie die Position des Piloten nachträglich verändern möchten, legen Sie eine Ebenenmaske an und radieren darin mit einer kleinen Spitze, Kantenschärfe etwa 90 %, all das weg, was vom Sitz und dem Rumpf des Flugzeugs verdeckt ist. Sollten Sie diesen Schritt lieber mit einem Pfad erledigen, der in eine zu löschende Auswahl umgewandelt wird, so besteht diese Möglichkeit natürlich ebenfalls. Zum Schluss werden die Sättigung und der Kontrast der Transparenz der Glashaube angepasst.

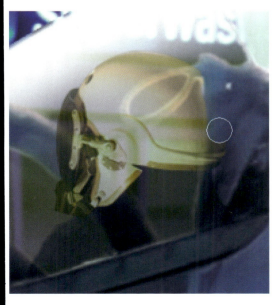

Kapitel 8   Alles super!

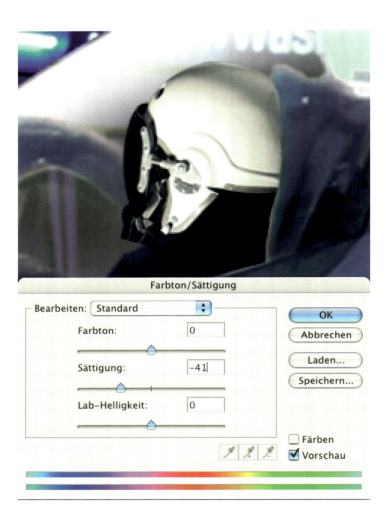

8.2 Ready for landing...

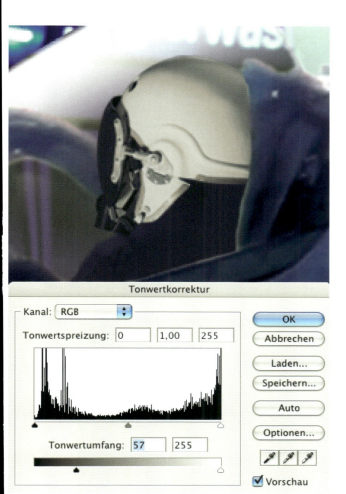

Hinweis

Die Tonwerte des Piloten müssen reduziert werden, damit er wirkt, als säße er hinter der Glaskanzel.

Da der Jet soeben seine Triebwerke abgeschaltet hat, glühen diese noch nach: Malen Sie im Maskierungsmodus auf der Jet-Ebene mit einer 17er-Spitze den hintersten Teil des Triebwerks nach. Gehen Sie wieder in den Auswahlmodus und schneiden Sie innerhalb der Auswahl per Tonwertkorrektur die unteren 35 Tonwerte ab. Dann färben Sie die Auswahl im Menü FARBBALANCE orange. Falls Sie das Nachglühen intensivieren wollen, erhöhen Sie die Sättigung der Auswahl um einige Prozente. Heben Sie zum Schluss die Auswahl auf.

Kapitel 8   Alles super!

Hinweis

Da die Tonwerte des Triebwerks zu dunkel sind, um sie durch Erhöhung der Sättigung zum Glühen zu bringen, müssen mit der Tonwertkorrektur zuerst die unteren Tonwerte entfernt werden.

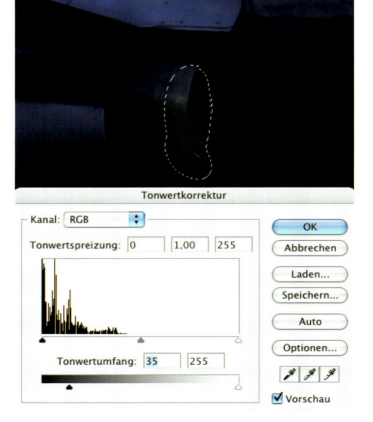

8.2 Ready for landing...

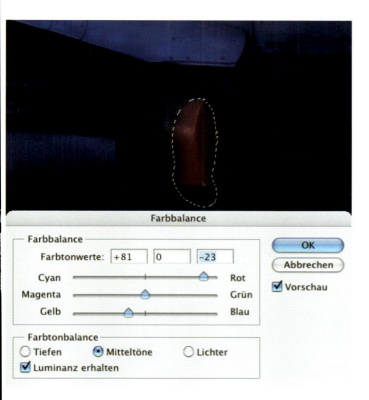

Wir nähern uns der absoluten Perfektion: So ein glühendes Triebwerk lässt Hitzewellen aufsteigen. Kopieren Sie in der Ebene *Alpha Jet* das komplette Heck einschließlich eines Teils des Triebwerkes. Setzen Sie es dann in eine Ebene ein, die *Hitze* genannt und an oberster Stelle angeordnet wird. Und jetzt kommt's: Wählen Sie aus dem Menü FILTER-VERZERRUNGSFILTER die OZEAN-WELLEN aus. Bei mir hat ein Wellenabstand von 1 und eine Wellenhöhe von 3 am besten funktioniert. Radieren Sie dann die Kanten der Ebene mit einer weichen Spitze weg, sonst erscheinen sie zu regelmäßig.

Kapitel 8   Alles super!

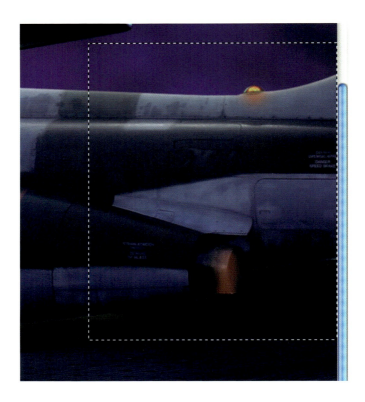

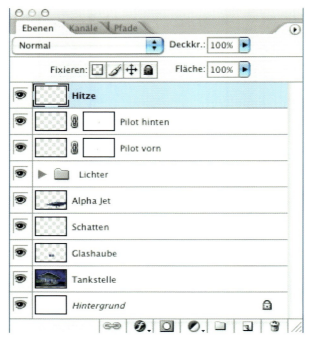

8.2 Ready for landing...

Tipp

Querdenken hilft weiter: Der Ozeanwellen-Filter hat mit dem Ozean recht wenig zu tun, kann aber Hitzewellen perfekt imitieren!

Kapitel 8
Alles super!

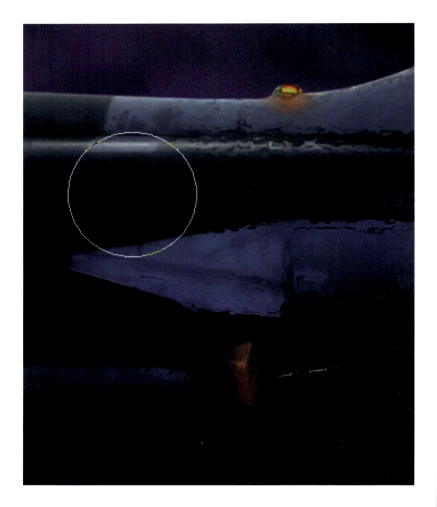

Damit wirklich keinerlei Hinweis auf eine Kollision mit der Zapfsäule gegeben wird, lassen wir noch eine senkrechte Rauchfahne aus dem Triebwerk aufsteigen. Legen Sie eine Ebene *Rauch* an, die oberhalb von *Hitze* angeordnet wird. Mit weißer Vordergrundfarbe und einer 13er-Spitze malen Sie senkrecht aufsteigende Rauchfahnen hinter das Triebwerk. Der Trick besteht darin, die Deckkraft der Pinselspitze auf 5 % oder weniger zu reduzieren, dafür aber viele kaum sichtbare Rauchfahnen übereinander zu malen.

8.2 Ready for landing...

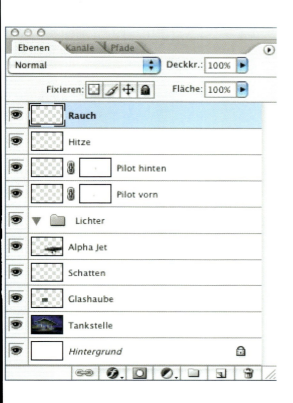

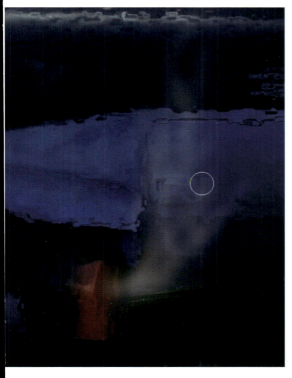

Tipp

Variieren Sie Deckkraft und Größe der Spitze und tragen Sie den Rauch in mehreren Lagen auf

Kapitel 8   Alles super!

Auf dieselbe Art und Weise lassen Sie hinter dem Jet einen Hauch von Nebel aufsteigen. Legen Sie zwischen *Alpha Jet* und *Schatten* die Ebene *Nebel* an. Auch hier nutzen Sie die Farbe Weiß mit einer Deckkraft von etwa 5 %. Im Gegensatz zum Rauch empfiehlt es sich aber, die Größe der Pinselspitze mehrmals zwischen 10 und 100 zu variieren, so kommen verschiedene Lagen Nebel zu Stande. Nun ist der Jet sicher gelandet!

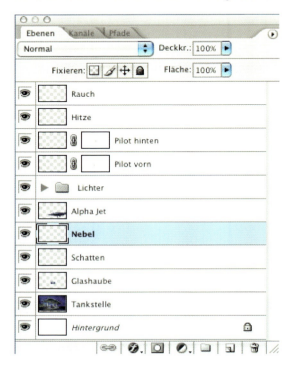

8.2 Ready for landing...

Abbildung 8.8
...erfolgreich gelandet!

KAPITEL 9
Towers

| 9.1 | Landschaft | 206 |
| 9.2 | Einbau der Tower | 212 |

Kapitel 9
Towers

Die Towers sind einer meiner ersten Versuche, Dinge, die nicht zusammengehören dennoch zusammen zu bringen und dadurch eine neue Einheit von Objekten und Landschaft zu schaffen. Erstaunlicherweise wirkt das Bild noch immer durch seine kühle Stimmung, obwohl oder vielleicht gerade weil nur sehr wenige Details die Aufmerksamkeit des Betrachters auf sich ziehen. Aus technischer Sicht besteht die Herausforderung darin, die Küchenreihen so in die Landschaft zu integrieren, dass neue Assoziationen wie „Towers" oder „Hochhäuser" entstehen können.

9.1 Landschaft

Zunächst legen Sie eine Datei im Hochformat mit den Maßen 15 x 20 cm bei 300 dpi an.

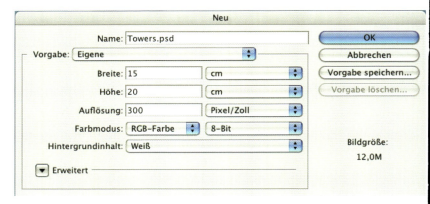

Dann öffnen Sie die Dateien *Himmel* und *Rasen* aus dem Landschaftsordner und ziehen beide Fotos auf die neu angelegte Datei. Ordnen Sie dabei den Himmel unter dem Rasen an.

9.1 Landschaft

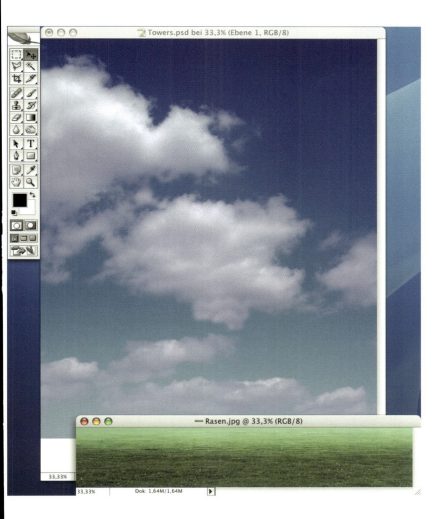

Abbildung 9.1
Die Grundelemente der Landschaft: Himmel und Rasen

COMPOSING & MONTAGE

Kapitel 9
Towers

Der Himmel wirkt noch recht unnatürlich, da er zum Horizont hin eigentlich heller sein müsste, da können wir etwas nachhelfen: Wechseln Sie in den Maskierungsmodus und ziehen Sie mit dem Verlaufswerkzeug einen linearen Verlauf vom Horizont bis zur oberen Bildkante.

Nun wird die Maske durch Wechseln in den Normalmodus in eine Auswahl verwandelt und die Ebene *Himmel* durch eine Tonwertkorrektur aufgehellt, indem Sie den mittleren Regler nach links verschieben. Dabei entspricht der

9.1 Landschaft

Wirkungsgrad der Aufhellung exakt der Deckkraft der Maske, so dass der Himmel in Horizontnähe stark, an der oberen Bildkante jedoch kaum oder überhaupt nicht aufgehellt wird.

Hinweis

Obwohl die Auswahl die Landschaft in zwei Teile zu teilen scheint, wirkt sie dennoch genauso abgestuft wie die Maske, aus der sie hervorgegangen ist.

Kapitel 9 — Towers

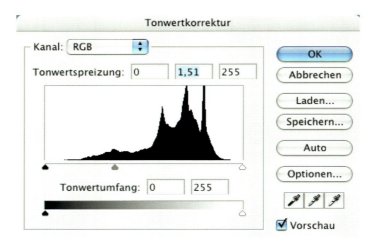

Wenn Himmel und Rasen an der Linie, an der sie sich berühren, etwa gleich hell sind, haben Sie Ihr Ziel erreicht. Schon ganz hübsch, unsere Landschaft, doch mit ein paar Tricks wirkt sie noch tiefer: Wir brauchen einen Dunstschleier, deswegen legen Sie nun als oberste die Ebene *Haze* an. Den Dunst zaubern Sie mit dem Pinselwerkzeug, indem mit geringer Deckkraft und Werkzeugspitzen unterschiedlicher Größe weiße Farbe in der Gegend des Horizonts aufgetragen wird. Arbeiten Sie mit einer Deckkraft von etwa sieben bis zwölf Prozent und variieren Sie die Pinselspitze zwischen 65 und 200 Pixeln Durchmesser. Die Kantenschärfe liegt bei null Prozent. In den Pinselvoreinstellungen können Sie unter ANDERE EINSTELLUNGEN auch gerne die Steuerung der Deckkraft auf VERBLASSEN stellen, so dass Ihr Pinselstrich in ein sanftes Nichts ausläuft.

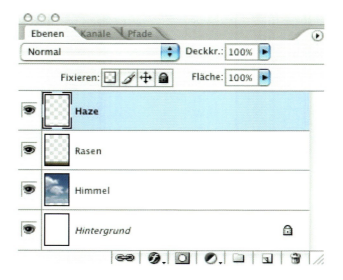

9.1 Landschaft

Als Letztes bekommt die Landschaft noch ein farbliches Feintuning verpasst. Bisher wirkt sie eher nett, wie an einem Frühlingstag. Das verträgt sich nicht so recht mit dem surreal anmutenden Auftauchen der hochhausartigen Küchenreiben. Über BEARBEITEN-ANPASSEN-FARBBALANCE verschieben Sie die Farbe des Himmels nach gelb, die des Rasens nach rot und verändern die Wirkung der Landschaft damit dramatisch. Probieren Sie ruhig auch andere Farbtöne aus.

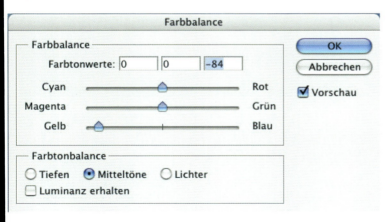

COMPOSING & MONTAGE **211**

Kapitel 9
Towers

> **Hinweis**
> Nicht von dieser Welt: Die Farbgebung der Landschaft unterstützt den surrealen Charakter des Bildes.

9.2 Einbau der Tower

Im Ordner *Tower* finden Sie die Datei *Tower 1*, die Sie öffnen und per Pfad freistellen. Nach Umwandlung des Pfades in eine Auswahl, die wie üblich eine weiche Auswahlkante von 0,5 Pixeln bekommt, ziehen Sie den Tower der Abbildung entsprechend auf den Rasen, so dass die linke Seite von der Bildkante beschnitten wird. Passen Sie auch die Größe durch Skalieren der Ebene in etwa der Abbildung an.

9.2 Einbau der Tower

COMPOSING & MONTAGE

Kapitel 9
Towers

Abbildung 9.2
Der erste Turm steht in der Landschaft.

Das Skalieren ist sehr wichtig, um alle vier Tower auf dem Bild unterzubringen, denn mit der Größe von *Tower 1* legen Sie auch bereits die Größen der übrigen Tower fest. Dies wird deutlich, wenn Sie die Fluchtlinien einzeichnen. Legen Sie hierzu eine Ebene *Fluchtlinien* an und ziehen Sie mit dem Linienzeichnerwerkzeug zwei Geraden parallel zu den Kanten des Towers. Obwohl der Fluchtpunkt außerhalb des Bildes liegt, müssen die Tower 2, 3 und 4 innerhalb dieser Geraden liegen.

9.2 Einbau der Tower

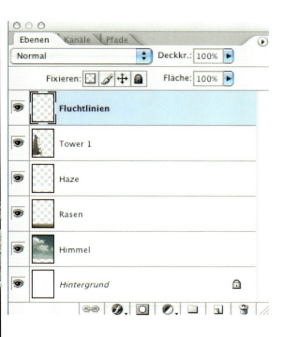

Hinweis

Die Ebene der Fluchtlinien dient lediglich als Konstruktionshilfe und wird später wieder gelöscht.

COMPOSING & MONTAGE

Jetzt folgt ein wenig langweilige Freistellarbeit, wenn Sie die Dateien der Tower 2, 3 und 4 nacheinander öffnen, freistellen und skalieren. Dank der Fluchtlinien wissen Sie aber genau, wie groß die einzelnen Tower werden müssen. Vergessen Sie bitte nicht, beim Skalieren die [Shift]-Taste gedrückt zu halten, um Höhe und Breite gleichzeitig zu verändern. Die Ebene *Tower 2* liegt unter *Tower 1*, darunter wiederum liegen *Tower 3* und *Tower 4*.

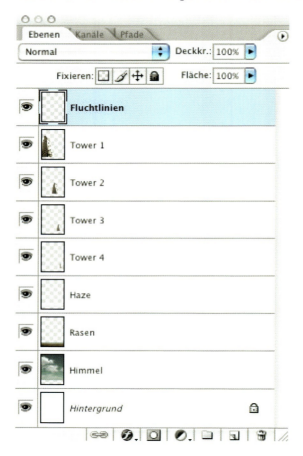

9.2 Einbau der Tower

Zugegeben, die Reiben hätten in einem etwas spitzeren Winkel fotografiert werden müssen, doch diese kleine Schwäche fällt nicht mehr auf, sobald Sie die Fluchtlinien wieder gelöscht haben. Im folgenden Schritt werden Farbe und Kontrast angepasst, denn je weiter die Tower vom Betrachter entfernt zu sein scheinen, desto blasser müssen sie wirken, da mit zunehmender Entfernung immer mehr Dunst zwischen Betrachter und Tower liegt. Klicken Sie auf die Ebene *Tower 2* und öffnen Sie die Tonwertkorrektur. Schieben Sie den unteren linken Regler auf den Wert 15, denn damit werden alle Tonwerte entfernt, die dunkler als dieser Wert sind. Anschließend öffnen Sie den Dialog FARBTON-SÄTTIGUNG und reduzieren die Farbsättigung um 15 %.

Kapitel 9 — Towers

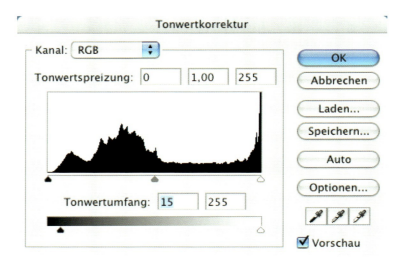

Hinweis

Reduktion der unteren Tonwerte und Verringerung der Farbsättigung lässt die Tower blasser und weiter entfernt erscheinen.

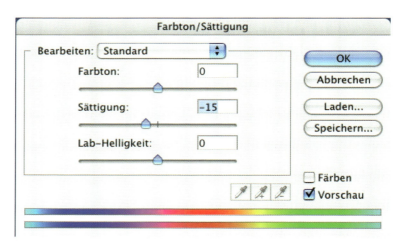

Ebenso verfahren Sie mit *Tower 3*, nur mit dem Unterschied, dass in der Tonwertkorrektur die untersten 40 Tonwerte abgeschnitten werden. Die anschließende Reduzierung der Farbsättigung bleibt bei 15 %. *Tower 4* wird sogar um ganze 90 Tonwerte erleichtert, da er sich am weitesten vom Betrachter entfernt befindet.

9.2 Einbau der Tower

Die Sonne befindet sich rechts außerhalb des Bildes, erkennbar nur als helle Reflexion auf den metallenen Außenseiten der Tower. Also können Sie sich vorstellen, wo die Schatten liegen müssen, nämlich links der Tower. Legen Sie unterhalb von *Tower 1* eine Ebene *Schatten 1* an und ändern Sie den Ebenenmodus von *Normal* zu *Multiplizieren*. Ziehen Sie mit dem Polygon-Lasso ein Dreieck, dessen spitzeste Ecke die vorderste Ecke des Towers berührt. Wählen Sie einen mittleren Grauwert und füllen Sie die Auswahl über das Menü BEARBEITEN-FLÄCHE FÜLLEN.

Kapitel 9
Towers

Um den Schatten ein natürliches Aussehen zu verleihen, müssen sie etwas weicher erscheinen. Dazu öffnen Sie aus dem Filtermenü den GAUSSSCHEN WEICHZEICHNER und wenden ihn auf die Ebene *Schatten 1* an. Ein Wert zwischen 5 und 7 Pixeln dürfte passend sein.

Abbildung 9.3
Der Schatten wird etwas weichgezeichnet.

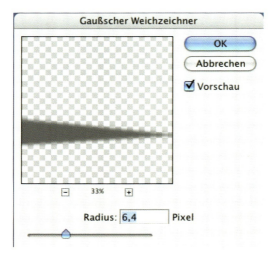

9.2 Einbau der Tower

Mit den Schatten der Tower 2, 3 und 4 verfahren Sie genauso. Die Schattenebenen werden jeweils direkt unter den dazu gehörenden Towern angelegt. Nur beim Weichzeichnen gibt es Unterschiede: Da die Schatten weiter entfernt sind, erscheint auch ihre Unschärfe geringer. Zeichnen Sie den Schatten 2 mit 4 Pixeln weich, Schatten 3 mit 3 und Schatten 4 mit zwei Pixeln. Da sich jetzt schon eine Menge Ebenen angesammelt haben, empfehle ich die Zusammenlegung in Ebenengruppen.

Kapitel 9 Towers

> **Tipp**
>
> Da das Radieren der Tower eine recht knifflige Sache ist, sollte hierfür unbedingt eine Ebenenmaske angelegt werden.

Je besser die Tower in Ihre Umgebung eingebunden sind, also je mehr Verschmelzungspunkte vorhanden sind, desto überzeugender ist der Gesamteindruck. Deswegen lassen wir die obersten Stockwerke in den Wolken verschwinden. Legen Sie dazu in der Ebene *Tower 1* eine Ebenenmaske an. Wählen Sie ALLES EINBLENDEN.

9.2 Einbau der Tower

Kapitel 9
Towers

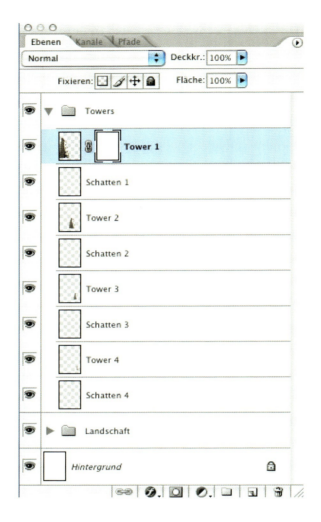

Als Vordergrundfarbe wählen Sie nun Schwarz. Mit dem Pinselwerkzeug, einer weichen Werkzeugspitze und einer Deckkraft von ca. 10 Prozent »radieren« Sie nun die Towerspitze vorsichtig weg. Falls Sie mehrere Anläufe benötigen, bis das Ergebnis überzeugend aussieht, löschen Sie einfach die misslungene Maske, legen eine neue an und beginnen von vorn.

9.2 Einbau der Tower

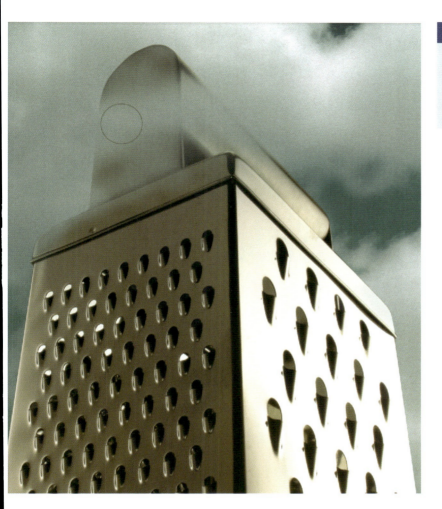

Achtung

Radieren Sie nur an Stellen, die einen Wolkenhintergrund haben, da die Towerspitze nicht im blauen Himmel verschwinden kann!

Sehr wichtig ist, dass Sie nur an solchen Stellen arbeiten, wo Wolken hinter dem Tower liegen, denn nur in diesen kann die Towerspitze verschwinden, nicht im blauen Himmel. Wenn Sie Tower 2 an ähnlicher Stelle wie in der Abbildung ersichtlich arrangiert haben, können Sie dessen Spitze ebenfalls etwas vernebeln. Damit ist Ihre Turmbau-Mission beendet!

Kapitel 9   Towers

KAPITEL 10
Bäckers Traum

10.1 Landschaft	230
10.2 Gebogenes Bild	234
10.3 Die Montage	241

Kapitel 10   Bäckers Traum

Diese Montage verbindet die zweidimensionale Darstellung mit der Illusion einer dritten Dimension. Zuerst wird eine Landschaft aufgebaut, in die später ein Bild integriert wird, das sich der Perspektive dieser Landschaft unterordnen muss. Und das funktioniert so:

10.1 Landschaft

Legen Sie zunächst eine Arbeitsfläche der Größe 15 x 20 cm an. Die Auflösung beträgt 300 dpi. Öffnen Sie dann aus dem Ordner *Landschaft* den *Untergrund* und ziehen ihn auf die Arbeitsfläche. Wundern Sie sich bitte nicht über die Größe, Sie werden sie schon im nächsten Schritt brauchen.

> **Tipp**
>
> Sollte Ihnen das VER-ZERREN-Werkzeug zu kitzlig sein, nehmen Sie das PERSPEKTIVISCH-VERZERREN-Tool, das beide oberen Ecken gleichermaßen einrückt.

Nun müssen wir auf diesen Untergrund eine flachere Perspektive bekommen. Zwar hätte ich von vornherein flacher fotografieren können, nur wäre das Bild dann nicht komplett scharf geworden. Über das Menü BEARBEITEN-TRANSFORMIEREN-SKALIEREN skalieren Sie die Ebene, indem lediglich die Höhe, nicht aber die Breite reduziert wird. Um eine sich nach hinten perspektivisch verjüngende Landschaft zu erhalten, verzerren Sie die Ebene durch BEARBEITEN-TRANSFORMIEREN-VERZERREN. Ziehen Sie bei gedrückter `Shift`-Taste einfach die beiden oberen Ecken bis knapp an die Bildkante heran. Öffnen Sie die Datei *Himmel* und ziehen Sie sie auf den weißen Teil der Arbeitsfläche, so dass die *Himmel*-Ebene über der *Untergrund*-Ebene liegt. Entfernen Sie die harte Kante durch vorsichtiges Radieren der Horizontlinie, ein weicherer Horizont sieht natürlicher aus.

10.1 Landschaft

Kapitel 10   Bäckers Traum

Zur sogenannten »Luftperspektive« gehört die Erfahrung, dass die Landschaft zum Horizont hin heller und kontrastärmer wird, deswegen legen wir eine Dunstebene an, die hier »Haze« genannt wird. Mit dem Pinselwerkzeug und weißer Farbe pinseln Sie mehrmals mit sehr geringer Deckkraft und verschieden großen Werkzeugspitzen über den Horizont. So entsteht nach und nach ein nebliger Dunst.

Abbildung 10.1
Der Dunststreifen am Horizont verstärkt die Tiefenwirkung der Landschaft.

So. Was noch ein bisschen alltäglich aussieht, ist die Farbe. Mein Vorschlag ist folgender: Ändern Sie in der Ebene *Himmel* die Farbe über BILD-ANPASSEN-FARBTON-SÄTTIGUNG durch Verschieben des Farbton-Reglers nach links, bis ein türkisfarbener Ton erreicht ist. Dann verschieben Sie die Farbstimmung über BILD-ANPASSEN-FARBBALANCE in eine warme Richtung.

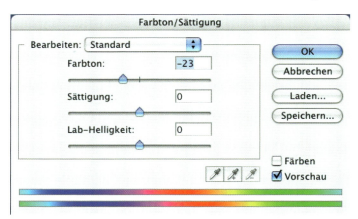

232 PHOTOSHOP CS2

10.1 Landschaft

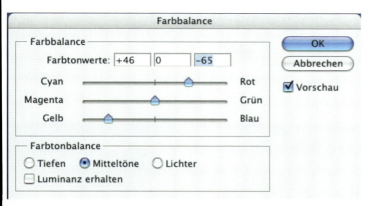

Der Untergrund hat grundsätzlich die passende Farbe, verträgt aber auch noch etwas Wärme: Auch hier können Sie mit der Farbbalance Abhilfe schaffen, indem Sie Rot und Gelb zu gleichen Teilen zugeben. Auch andere Farbabstimmungen sind denkbar. Es ist nur wichtig, dass Untergrund und Himmel einen stimmigen Gesamteindruck machen. Speichern Sie die Datei ab, wir benötigen sie später wieder.

Abbildung 10.2
So etwa sollte das fertige Landschafts-Composing aussehen.

Kapitel 10 Bäckers Traum

10.2 Gebogenes Bild

Das kennen Sie ja bereits: Wir benötigen wieder eine Arbeitsfläche der Größe 15 x 20 cm bei einer Auflösung von 300 dpi. Legen Sie sie an und öffnen Sie dann aus dem *Bild*-Ordner die Datei *Nudelholz* und ziehen sie auf die Arbeitsfläche.

Ähnlich wie bei der Landschaft wird auch hier ein Himmel eingebaut. Damit er überhaupt Platz hat, müssen Sie den schwarzen Hintergrund freistellen und löschen, am besten mit einem Pfad, der anschließend in eine Auswahl mit weicher Auswahlkante umgewandelt wird. Den leicht schiefen Horizont können Sie bei dieser Gelegenheit gerade schneiden, müssen Sie aber nicht.

> **Hinweis**
> Da es sich um eine recht simple technische Form handelt, eignet sich das Pfadwerkzeug zum Freistellen am besten.

10.2 Gebogenes Bild

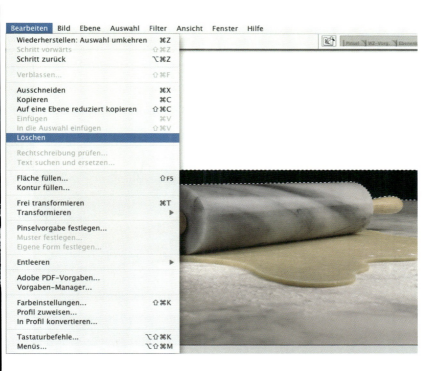

Zurück in den Ordner *Landschaft*: Dort holen Sie sich nochmals die Datei *Himmel* und ziehen sie nach dem Öffnen auf die Arbeitsfläche. Sinnvollerweise liegt der Himmel oberhalb der Landschaft. Wir arbeiten in der *Nudelholz*-Ebene weiter. Da Nudelholz und Untergrund zusammen fotografiert wurden und deswegen auf einer Ebene liegen, müssen Sie die Umrisse des Nudelholzes beim nun folgenden Radieren der Horizontlinie schützen. Dies geht wieder am schnellsten und saubersten mit einem Pfad, den Sie in eine Auswahl umwandeln, innerhalb welcher Sie dann radieren können.

COMPOSING & MONTAGE **235**

Kapitel 10 — Bäckers Traum

Hinweis

Vergessen Sie nicht, der Auswahl vor dem Radieren eine weiche Kante von 0,5 Pixeln zu geben.

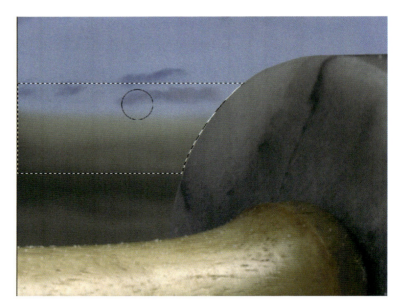

Da das Bild auch als Spiegelbild begriffen werden kann, spiegeln Sie den Himmel über BEARBEITEN-TRANSFORMIEREN-HORIZONTAL SPIEGELN. Die nun folgenden Farbveränderungen sind dieselben wie beim Landschaftsbild.

10.2 Gebogenes Bild

Hinweis

Die Farbveränderungen des Bildes sind prinzipiell dieselben wie diejenigen der Landschaft: Über FARBTON-SÄTTIGUNG wird der Himmel kühler abgestimmt, dann bekommen Himmel und Untergrund über die FARBBALANCE eine warme Stimmung.

Kapitel 10   Bäckers Traum

Wenn Ihnen die Farben nach den Änderungen zu quietschig vorkommen, reduzieren Sie einfach die Sättigung ein wenig. Jetzt bereiten wir das Bild auf das Verbiegen vor: Verbinden Sie die Ebenen *Nudelholz* und *Himmel* und reduzieren Sie sie auf eine Ebene. Stellen Sie das gesamte sichtbare Bild mit dem Freistellwerkzeug frei, um die Datei zu verkleinern, denn es sind jenseits der Bildränder noch Bildteile vorhanden, was beim Verbiegen zu Irritationen führen kann.

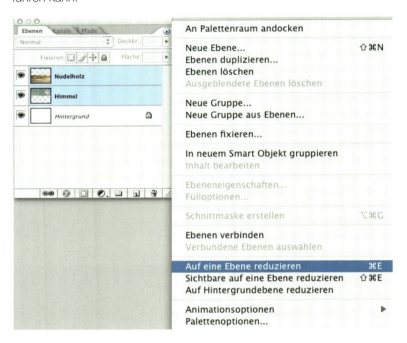

Zum Verbiegen brauchen wir viel Platz. Über das Menü BILD-ARBEITSFLÄCHE verdoppeln Sie die angezeigten Maße jeweils, so dass wir auf eine Arbeitsfläche der Größe 30 x 40 cm kommen.

Hinweis

Da das Bild während des Verbiegen-Vorgangs über seine bisherige Begrenzung hinaus verbogen wird, müssen Sie die Arbeitsfläche vergrößern.

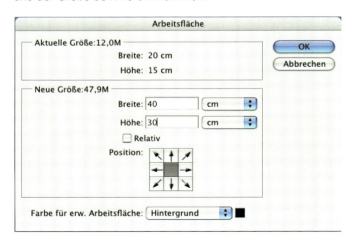

10.2 Gebogenes Bild

Jetzt kommt das Beste: Im Filtermenü finden Sie unter VERZERREN den VERBIE-GEN-Filter, der Ihnen die Möglichkeit gibt, die Datei zu verbiegen. Achten Sie auf alle Fälle darauf, nichts vom Bild abzuschneiden. Wenn es nicht anders zu gehen scheint, brechen Sie den Vorgang ab, ziehen die Bildebene auf der Arbeitsfläche etwas weiter nach links und versuchen es noch mal. Müsste klappen!

COMPOSING & MONTAGE **239**

Kapitel 10   Bäckers Traum

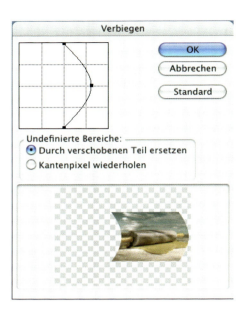

Bevor Sie die Bilddatei nun speichern, schneiden Sie mit dem Freistellwerkzeug noch die unnötig große weiße Fläche zurecht. Die schadet zwar nichts, belegt aber unnötigerweise Speicherplatz.

Abbildung 10.3
Das Bild ist bereit zum Einbau in die Landschaft.

10.3 Die Montage

Die Montage des Bildes in der Landschaft erfordert ein wenig Fingerspitzengefühl. Der besseren Übersichtlichkeit wegen ist es sicherlich sinnvoll, für diesen Schritt in den Vollbildmodus zu wechseln. Öffnen Sie die Dateien *Landschaft* und *Bild* und ziehen Sie das Bild auf die Landschaft. Um ihm die nötige perspektivische Wirkung zu verleihen verzerren Sie es über das Menü BEARBEITEN-TRANSFORMIEREN-VERZERREN.

Keine Bange wegen der unschön verbogenen Walze, die reparieren wir später. Jetzt sollten wir erst die hinteren Ecken des Bildes abrunden, die immer noch etwas spitz wirken. Legen Sie einen Pfad um die hintere obere und untere Ecke, wandeln ihn in eine Auswahl um und löschen deren Inhalt.

Kapitel 10   Bäckers Traum

10.3 Die Montage

Um dem Bild eine physische Dicke zu verleihen, duplizieren Sie die Bildebene und gehen Sie in die Tonwertkorrektur. Die wird aber dieses Mal nicht zur Korrektur benutzt, sondern zur Vernichtung aller Tonwerte außer Weiß. Schieben Sie den unteren schwarzen Regler nach rechts auf den weißen, so dass außer Weiß kein Ton mehr vorhanden ist. Verrücken Sie die Ebene wenige Pixel nach links, bis sie als »Rand« sichtbar wird.

Tipp
An Stelle der Tonwertkorrektur können Sie auch Helligkeit/Kontrast einsetzen, indem Sie Helligkeits- und Kontrastregler ganz nach rechts schieben.

Hinweis
Durch den dünnen Rand bekommt das Bild eine Körperhaftigkeit und wirkt authentisch.

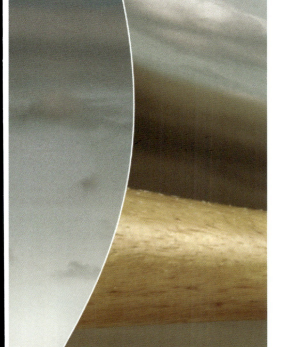

COMPOSING & MONTAGE **243**

Es fehlen noch die Schatten, die das Bild optisch auf dem Untergrund festigen. Legen Sie zwischen den Ebenen *Himmel* und *Untergrund* im Multiplizierenmodus eine Ebene *Schatten Untergrund* an. Verwenden Sie eine große, weiche Werkzeugspitze und ziehen Sie mit mittlerem Grau bei einer Deckkraft von etwa 25 % einen Schatten ein. Wenn möglich, sollte der Schatten aus wenigen Strichen bestehen, zu viele wirken leicht schlierig.

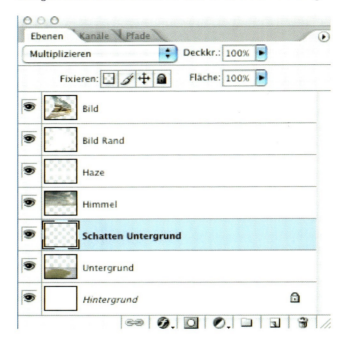

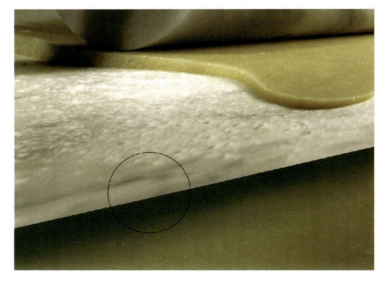

10.3 Die Montage

Da die gewölbte Unterseite des Bildes weniger Licht bekommt als der Rest, muss auch sie schattiert werden. Ziehen Sie mit dem Polygonlasso eine Auswahl, die von der vorderen Bildecke etwas weiter entfernt ist als von der hinteren. Wechseln Sie vom Normal- in den Maskierungsmodus und zeichnen Sie die entstandene Maske mit 70 Pixeln weich.

Hinweis
Das Schattieren des gewölbten Bildes passt es der Lichtsituation der Landschaft an.

Wenn Sie nun wieder zurückwechseln in den Normalmodus, können Sie per Tonwertkorrektur den Schatten genau so gestalten, wie Sie wollen. Empfehlenswert ist es, den mittleren Regler etwas nach rechts zu schieben und den rechten unteren Regler etwas nach links, um die hellen Tonwerte abzuschneiden. Heben Sie zum Schluss die Auswahl auf.

Kapitel 10   Bäckers Traum

> **Tipp**
>
> Diese Tonwertkorrektur eignet sich sehr gut, um sie in eine neue Einstellungsebene einzubetten und damit jederzeit nachträglich verändern zu können.

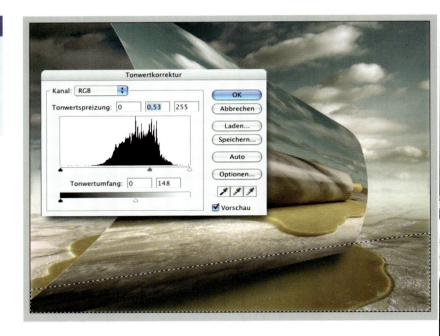

Damit unser Spiel mit der unmöglichen Dreidimensionalität auch funktioniert, brauchen wir nun noch den Griff, der aus dem Bild herauswächst. Öffnen Sie also im Ordner *Bild* den *Griff* und stellen ihn mit dem Pfadwerkzeug frei. Beziehen Sie das sichtbare Ende des Nudelholzes mit in den Pfad ein. Dann wandeln Sie den Pfad wie üblich in eine Auswahl um, verpassen dieser eine weiche Kante von 0,5 Pixeln und ziehen den Griff auf die Arbeitsfläche.

10.3 Die Montage

Jetzt folgt die Anpassung: Der Griff muss gedreht und das Ganze dann mit gedrückter `Shift`-Taste skaliert werden. Eventuell müssen Sie nach der Skalierung nochmals die Drehung korrigieren.

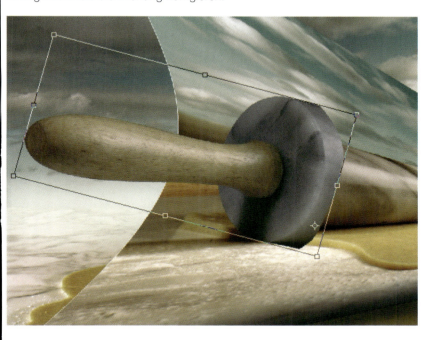

Hinweis

Durch das Herausragen des Griffes werden Zwei- und Dreidimensionalität raffiniert miteinander kombiniert.

Zwar wird die Farbe des Griffstücks noch adaptiert, dennoch sollten Sie die Übergänge mit einer weichen Werkzeugspitze wegradieren. Über die FARBBALANCE nehmen Sie noch eine Farbanpassung vor, so dass das Ding wie aus einem Guss aussieht.

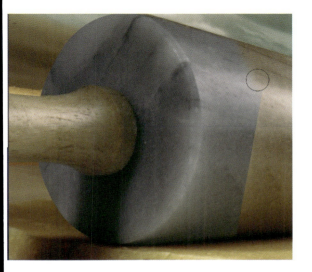

Kapitel 10   Bäckers Traum

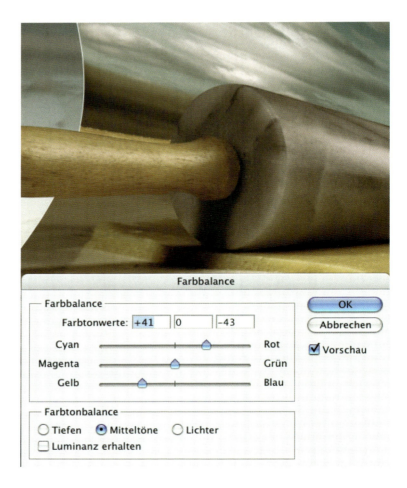

Jetzt brauchen Sie nur noch das Griff-Artefakt zu entfernen, das hinter dem neuen Griff sichtbar geworden ist. Geht wunderbar mit dem guten alten Stempelwerkzeug.

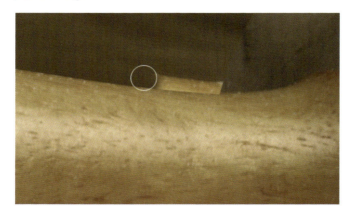

10.3 Die Montage

Übrigens: Gerade dieses Workshop-Beispiel lässt sich auf viele Themengebiete anwenden. Das Suggerieren von Dreidimensionalität auf einer zweidimensionalen Fläche bietet eine Menge Möglichkeiten, die Dimensionen miteinander zu verbinden!

Abbildung 10.4
So müsste die fertige Montage etwa aussehen.

KAPITEL 11
Towers III

11.1 Landschaft und Lkw	252
11.2 Einbau der Sandstrahlen	269

Schon viele Male bin ich an den Leunawerken vorübergefahren, die man von der Autobahn A7 in der Ferne erkennen kann. Bestimmt ebenso viele Male überlegte ich, was man mit dieser großartig-düsteren Industriekulisse denn anfangen könnte, bis sich langsam die folgende Bildidee zu formen begann. Die Arbeit an dieser Montage erfordert ein wenig Übung im Umgang mit dem Radierwerkzeug, da einige Bildteile durch dieses Werkzeug ihren Charakter verliehen bekommen. Klingt ein bisschen kryptisch, ist aber eigentlich recht einfach und hat eine atemberaubende optische Wirkung.

11.1 Landschaft und Lkw

Legen Sie zunächst über DATEI NEU eine Arbeitsfläche mit den Maßen 20 x 7,15 cm an. Die Auflösung beträgt 300 dpi. In unserem Beispiel haben wir der Datei den Namen *Towers 3.psd* gegeben. Sie können aber natürlich auch jeden anderen Namen verwenden, wichtig ist nur das Dateiformat psd.

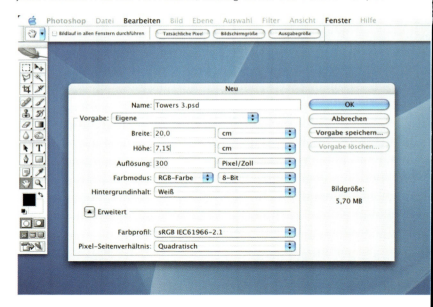

Öffnen Sie nun die Datei *Fabrik*. Ziehen Sie sie mit dem Bewegenwerkzeug und gedrückter Maustaste auf die eben angelegte Arbeitsfläche.

11.1 Landschaft und Lkw

Hinweis

Benennen Sie die einzelnen Ebenen, um den Überblick zu bewahren!

Als Nächstes öffnen Sie die Datei *Strasse* und ziehen sie ebenfalls auf die Arbeitsfläche. Mit dem Radierwerkzeug und einer weichen Pinselspitze von ungefähr 45 Pixeln Durchmesser radieren Sie nun die überflüssige Landschaft weg, so dass lediglich der Asphalt der Straße sichtbar bleibt.

Kapitel 11 Towers III

> **Hinweis**
>
> Mit einer großen, weichen Werkzeugspitze radieren Sie die Landschaft weg. Achten Sie dabei auf einen harmonischen Übergang zur umgebenden Landschaft.

Als vorerst letzte Datei öffnen Sie den *Lkw*. Stellen Sie mit dem Pfadwerkzeug seine Außenkanten frei, aber achten Sie darauf, einen Teil der Straße mit in den Pfad einzubeziehen. Auf diese Weise brauchen Sie später keinen Schatten zu generieren, sondern können den natürlichen Schatten verwenden. Anschließend wandeln Sie den Pfad in eine Auswahl um und geben über AUSWAHL-WEICHE AUSWAHLKANTE einen Radius von 0,5 Pixeln ein. Dann ziehen Sie den Lkw mit dem Bewegenwerkzeug auf das Bild.

11.1 Landschaft und Lkw

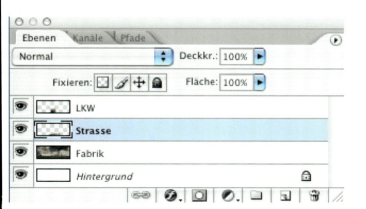

Tipp

Beziehen Sie beim Freistellen einen Teil der Straße mit ein, um später keinen aufwändigen Schatten konstruieren zu müssen.

COMPOSING & MONTAGE **255**

Kapitel 11 Towers III

Da die Hauptlichtquelle, die in einem späteren Schritt eingebaut wird, von rechts kommt, sollten wir das Heck des Lkw entsprechend der Lichtsituation abdunkeln. Stellen Sie also das Heck in der Ebene *Lkw* mit dem Polygonlasso frei und geben Sie der Auswahl eine weiche Kante von drei Pixeln.

Nun dunkeln Sie das Heck über BILD-ANPASSEN-TONWERTKORREKTUR ab, indem Sie den mittleren Regler nach rechts bis zu einem Wert von ungefähr 0,65 schieben. Betrachten Sie dabei das komplette Bild, so können Sie am besten beurteilen, wann die Helligkeit stimmt. Heben Sie dann die Auswahl auf.

11.1 Landschaft und Lkw

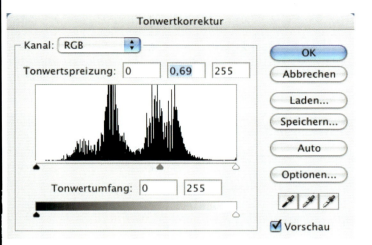

Tipp
Das Abdunkeln des Hecks ist sehr wichtig, um den Lkw der Lichtsituation anzupassen. Sie können den Inhalt der Auswahl auch in eine eigene Ebene kopieren oder für die Abdunklung eine Einstellungsebene anlegen.

Zurück zur Straße: In der Ebene *Lkw* radieren Sie mit einer weichen Radiergummi-Spitze von etwa 65 Pixeln die harten Kanten der Straße weg, so dass ein weicher Übergang entsteht. Die Feinabstimmung der Helligkeit erledigen Sie einfach wieder mit der Tonwertkorrektur: Verschieben Sie den mittleren Regler so lange, bis die Grauwerte gleich hell sind wie die der Ebene *Strasse*.

Kapitel 11 Towers III

Wenn Sie's ganz genau nehmen wollen, dann sollten Sie die hochgezogene Achse des Lastwagens reparieren: Umranden Sie das Rad ohne Bodenkontakt mitsamt dem Kotflügel per Polygonlasso. Kopieren Sie die Auswahl und setzen Sie sie in eine neue Ebene. Dann verkleinern Sie deren Inhalt über BEARBEITEN-TRANSFORMIEREN-SKALIEREN und setzen sie über das schwebende Rad.

Achtung
Es ist zwar eine Kleinigkeit, aber die hochgezogene Achse sollte unbedingt abgesenkt werden, da der Lkw später voll beladen sein wird.

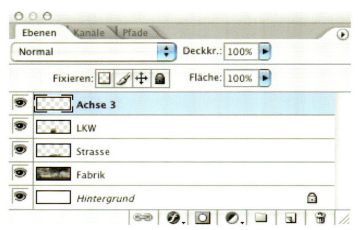

258 PHOTOSHOP CS2

11.1 Landschaft und Lkw

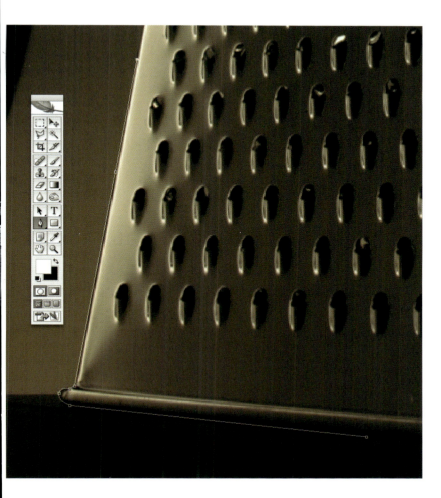

Nun öffnen Sie die Datei *Tower 1* und stellen sie mit dem Pfadwerkzeug frei. Den Pfad wandeln Sie anschließend in eine Auswahl um und geben dieser eine weiche Auswahlkante von 0,5 Pixeln. Ziehen Sie sie mit dem Bewegenwerkzeug auf das Bild. Damit später alles zusammenpasst, sollten Sie darauf achten, den Tower möglichst genau an die gleiche Stelle zu ziehen wie in der Abbildung.

Kapitel 11   Towers III

Um die Spitze des Towers in den Wolken verschwinden zu lassen, radieren Sie in einer Ebenenmaske vorsichtig einen Teil der Spitze weg. Die Ebenenmaske legen Sie über EBENE-EBENENMASKE HINZUFÜGEN-ALLES EINBLENDEN an. Aktivieren Sie sie per Mausklick auf das Symbol im Ebenenfenster und radieren Sie mit weichen Spitzen verschiedener Durchmesser von 35 bis 200 Pixeln und einer Deckkraft von 15 bis 20 %.

11.1 Landschaft und Lkw

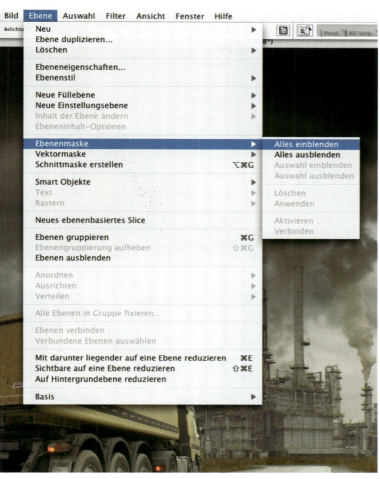

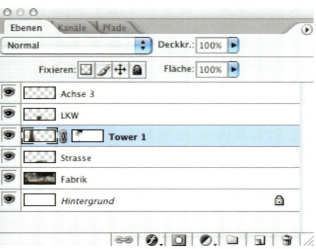

Kapitel 11   Towers III

Tipp

Zur Erzeugung der tiefhängenden Wolken arbeiten Sie mit weichen Werkzeugspitzen unterschiedlicher Größe und einer Deckkraft von 15 bis 25 %.

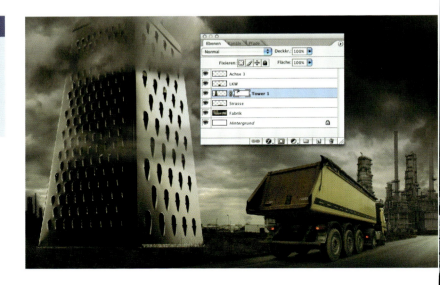

Tipp

Radieren Sie mit einer Spitze von 1 Pixel Durchmesser kleine Striche aus dem Fuß des Towers. Sie sehen aus wie Grashalme!

Das Radieren der Maske erfordert ein wenig Übung, um die herausradierten Stellen wie Nebel aussehen zu lassen. Wenn Ihnen die radierten Stellen nicht gefallen, löschen Sie die Maske einfach, legen eine neue an und beginnen von vorn. Ist Ihr Ergebnis zufriedenstellend, dann öffnen Sie die Datei *Tower 2* und wiederholen alle Arbeitsschritte, die Sie mit *Tower 1* durchgeführt haben.

11.1 Landschaft und Lkw

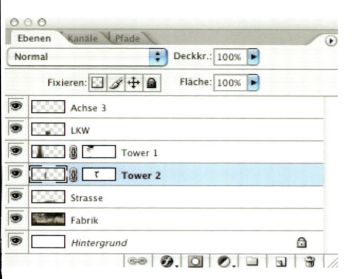

Damit die Tower optisch korrekt auf dem Boden stehen, benötigen sie einen Schatten. Legen Sie unterhalb der Ebene *Tower 1* im Multiplizierenmodus eine neue Ebene an, die Sie *Schatten Tower 1* nennen. Malen Sie nun mit einer weichen Werkzeugspitze von etwa 300 Pixeln einen Schatten, der von einer Lichtquelle stammen könnte, die aus der oberen rechten Bildecke strahlt. Als Schattenfarbe verwenden Sie einen Grauton von 50 %. Das Malen gestaltet sich recht einfach, da der Betrachter an dieser Stelle ohnehin einen Schatten erwartet und jede Abdunklung auch als Schatten interpretiert.

Kapitel 11 Towers III

Hinweis

Der Modus MULTIPLIZIEREN lässt die graue Fläche transparent wirken und damit wie einen Schatten erscheinen.

Jetzt wird's mystisch: Legen Sie eine neue Ebene an, die Sie *Nebel* nennen, und plazieren Sie sie im Ebenenfenster zuoberst. Ziehen Sie nun mit verschieden großen, weichen Pinselspitzen und weißer Farbe leicht gewellte »Nebelschleier« über den Horizont. Arbeiten Sie dabei mit einer Deckkraft von 8 bis 12 %.

11.1 Landschaft und Lkw

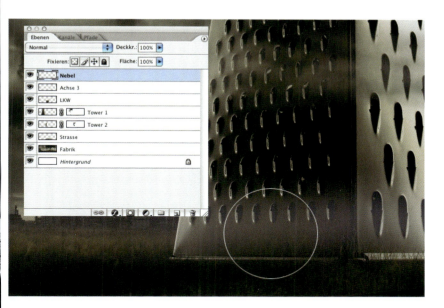

Als Nächstes erzeugen Sie die Sonnenstrahlen: Ziehen Sie mit dem Polygonlasso der Abbildung entsprechend ein fächerförmiges Gebilde über den Himmel. Der gemeinsame Ausgangspunkt dieser Strahlen sollte sich dabei möglichst an der Grenze von dunklen zu helleren Wolken befinden, um ein »Hervorblinzeln« der Sonne plausibel erscheinen zu lassen.

COMPOSING & MONTAGE **265**

Kapitel 11 Towers III

Wechseln Sie vom Normal- in den Maskierungsmodus, so dass die Auswahl als Maske dargestellt wird. Mit dem Radiergummi und einer sehr großen, weichen Werkzeugspitze von 300 Pixeln Durchmesser radieren Sie die schmalen Kanten der Maske weg. Wählen Sie eine Deckkraft von 30 % und bearbeiten Sie die Kanten in mehreren Durchgängen. Da Sonnenstrahlen, die durch Wolken fallen, nie gänzlich scharf erscheinen, muss die Sonnenstrahlmaske nun mit dem GAUSSSCHEN WEICHZEICHNER weichgezeichnet werden. Wählen Sie einen Radius von 5 - 10 Pixeln. Wenn Ihnen die Weichzeichnung gefällt, gehen Sie zurück in den Normalmodus.

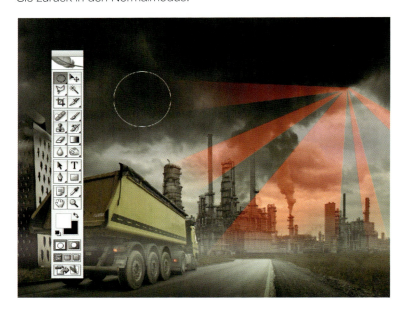

Hinweis

Durch den Weichzeichner erscheinen die scharfen Kanten der Sonnenstrahlen natürlicher.

266 PHOTOSHOP CS2

Nun folgt die eigentliche Aufhellung der Strahlen in Form einer Tonwertkorrektur. Bewegen Sie den rechten Regler etwas nach links, um die Kontraste zu erhöhen. Den mittleren Regler ziehen Sie ebenfalls nach links, um die nötige Aufhellung zu erreichen. Wenn die Sonne so hell scheint, wie sie soll, können Sie die Auswahl aufheben.

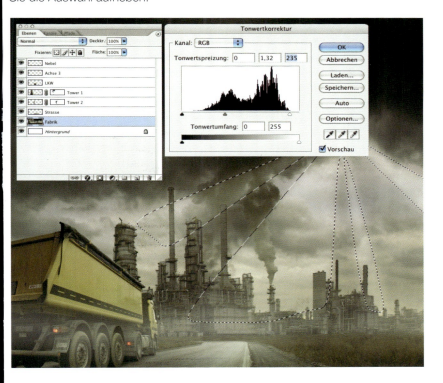

Eine Straße braucht eine Mittellinie. Klicken Sie in die Ebene *Strasse* und ziehen Sie mit dem Polygonlasso den vordersten Strich. Drücken Sie dann die Shift-Taste und ziehen Sie mit gedrückter Taste die weiteren Linien. Bitte achten Sie darauf, dass alle vier Linien in etwa in dieselbe Richtung weisen. Sie ahnen schon, wie die Striche weiß werden: mit der Tonwertkorrektur. Ziehen Sie den rechten Regler weit nach rechts und den mittleren bis an den rechten Anfang des schwarzen »Gebirges«. Das ist eleganter, als die Striche mit weißer Farbe zu füllen und erhält darüber hinaus die Struktur des Asphalts. Heben Sie zum Schluss die Auswahl auf.

Kapitel 11 Towers III

Hinweis
Die Mittellinie verstärkt die perspektivische Wirkung der Straße beträchtlich. Vor der Tonwertkorrektur empfiehlt sich eine weiche Auswahlkante von 0,5 Pixeln.

11.2 Einbau der Sandstrahlen

Die Sandstrahlen bestehen tatsächlich aus feinem Sand, der im Studio durch einen Trichter rieselte und vor schwarzem Hintergrund fotografiert wurde. Öffnen Sie die Datei *Sandstrahl*. Ziehen Sie die Datei auf die Arbeitsfläche und platzieren Sie die neu entstandene Ebene zwischen den Ebenen *Tower 1* und *Lkw*. Im nächsten Schritt soll der Sandstrahl von seinem schwarzen Hintergrund befreit werden.

Hinweis
Freistellen all der vielen Sandkörner? Mit den *Fülloptionen* ganz einfach...

Über das Menü EBENE-EBENENSTIL-FÜLLOPTIONEN öffnet sich ein Fenster. Im unteren Teil dieses Fensters finden Sie zwei Verlaufsbalken. Fassen Sie den linken Regler des oberen Balkens rechts an und ziehen Sie ihn nach rechts, bis der größte Teil des schwarzen Hintergrundes verschwunden ist. Dann ziehen Sie lediglich den rechten Teil des Reglers mit gedrückter [Alt]-Taste noch weiter nach rechts. Er teilt sich in zwei Hälften und das Schwarz verschwindet.

Kapitel 11   Towers III

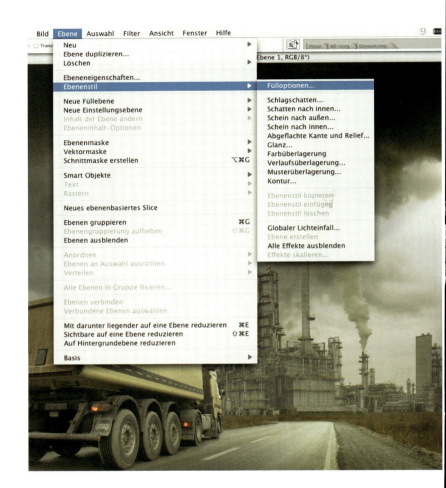

11.2 Einbau der Sandstrahlen

Hinweis

Der Dialog FÜLLOPTIONEN steuert die Auswahl der Tonwerte beim Überblenden verschiedener Ebenen.

Ein weiteres Fenster öffnet sich über das Menü FILTER-VERZERRUNGSFILTER-VERBIEGEN. Mit gedrückter Maustaste verbiegen Sie die vertikale Linie zu einer Kurve. Ziehen Sie die entstehende Biegung in der Mitte ein wenig nach oben, um eine parabelförmige Bahn der fallenden Sandkörner zu erzielen. Wenn Ihnen die Kurve in der Vorschau gefällt, klicken Sie auf den OK-Button.

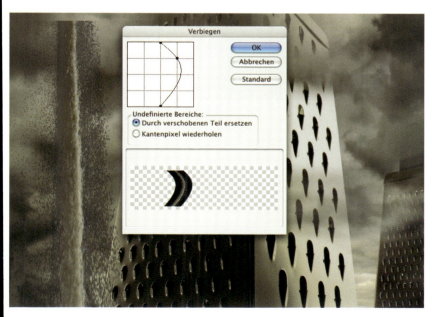

Kapitel 11 Towers III

Apropos Menüs: Im Menü BEARBEITEN TRANSFORMIEREN finden Sie die Option DREHEN. Packen Sie den Sandstrahl und drehen Sie ihn mit gedrückter Maustaste in die richtige Position. Dabei rücken Sie ihn auch gleich an die in etwa passende Stelle im Bild. Wenn die Drehung stimmt, doppelklicken Sie in das Rechteck und positionieren Sie den Strahl genau vor der Öffnung des Towers, wie aus der Abbildung ersichtlich.

11.2 Einbau der Sandstrahlen

Tipp

Wechseln Sie zum Drehen der Ebene in den Vollbildmodus mit Menüleiste, um mehr räumlichen Spielraum zu haben.

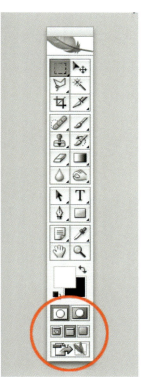

Kapitel 11 Towers III

Um den Eindruck zu erwecken, der Sand komme aus der Öffnung, müssen Sie einen Teil des Sandstrahls vorsichtig wegradieren. Legen Sie in der Ebene *Sandstrahl* eine neue Ebenenmaske an, um eventuelle »Fehlradierungen« bei Bedarf bequem löschen und wiederholen zu können. Zunächst können Sie dem Strahl mit einer großen, scharfen Werkzeugspitze eine Form geben, um danach die Kanten mit einer kleinen (etwa 5 Pixel), weichen Spitze zu bearbeiten. Verringern Sie die Deckkraft des Radierers auf 50 %, so dass die Begrenzung des Strahls zufälliger wirkt.

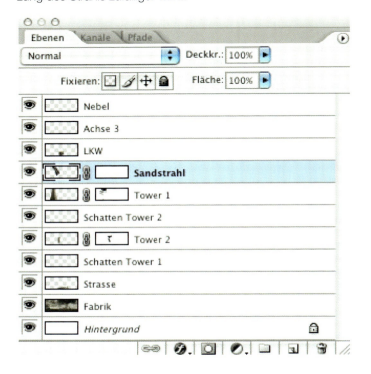

11.2 Einbau der Sandstrahlen

Für den zweiten Strahl genügt eine Duplizierung der Ebene *Sandstrahl*, da der hintere Strahl zum größten Teil vom vorderen verdeckt wird und so das Klonen des Strahls optisch nicht auffällt.

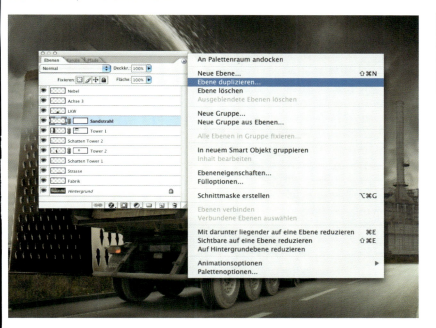

Hinweis

Legen Sie die Ebene *Sandstrahl 2* direkt unter die Ebene *Sandstrahl*.

Der Lkw wird nun beladen. Öffnen Sie die Datei *Ladung* und ziehen Sie die Datei mit dem Bewegenwerkzeug auf das Bild. Im Ebenenfenster ziehen Sie die Ebene unter den Lkw, so dass sie teilweise von dessen Kippladefläche verdeckt wird. Dann öffnen Sie wie gehabt über EBENE-EBENENSTIL die FÜLLOPTIONEN. Ziehen Sie den schwarzen Regler des oberen Balkens nach rechts bis auf einen Wert von ungefähr 82. Nun drücken Sie die [Alt]-Taste und ziehen den rechten Teil des Reglers mit gedrückter Maustaste noch weiter nach rechts, um die harten Kanten der einzelnen Sandkörnchen mit einem weichen Übergang zu versehen.

Kapitel 11 Towers III

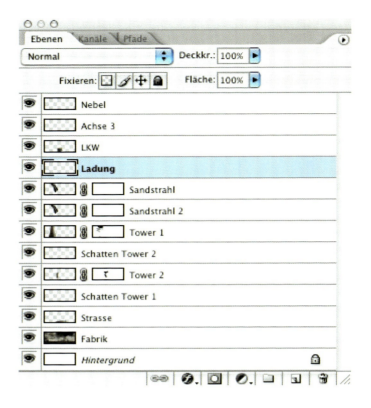

Hinweis

Die Fülloptionen werden genau so eingesetzt wie zuvor beim Sandstrahl: Der linke Regler wird nach rechts geschoben, bis der schwarze Hintergrund verschwunden ist, dann teilen Sie den Regler, um die scharfen Konturen zu beseitigen.

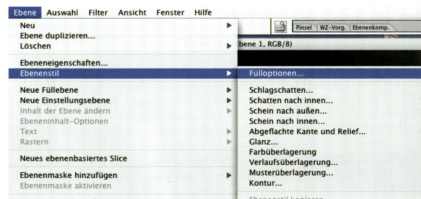

Über BEARBEITEN-TRANSFORMIEREN-SKALIEREN wird die zu groß geratene Ladung verkleinert. Halten Sie beim Skalieren mit gedrückter Maustaste auch die `Shift`-Taste gedrückt, um Höhe und Breite der Ebene gleichermaßen zu verändern. Wenn die Größe stimmt, doppelklicken Sie in das aufgezogene Rechteck.

11.2 Einbau der Sandstrahlen

Zum Schluss werden in der Ebene *Ladung* die abgeschnittene Sandsäule und die überstehende untere rechte Ecke retuschiert. Radieren Sie die Sandsäule einfach weg. Verwenden Sie für die Grobarbeit eine scharfe Werkzeugspitze von ca. 100 Pixeln und für die Feinarbeit eine sehr kleine und weiche Spitze. Ebenso verfahren Sie mit der unteren rechten Ecke der Ladung.

Tipp
Wer möchte, kann mit dem Stempelwerkzeug und einer Spitze von etwa 30 Pixeln einen Teil der Sandkörner der Ladung vervielfältigen, so dass es so aussieht, als fiele der Sand über die Ladefläche hinaus.

Dunkeln Sie zum Schluss nun den hinteren Teil des Sandhaufens mit dem Nachbelichtenwerkzeug so ab, dass er zur Lichtsituation der Heckklappe passt.

COMPOSING & MONTAGE **277**

KAPITEL 12
Squeeze!

Kapitel 12   Squeeze!

Es ist das ewige Spiel mit der Dreidimensionalität, das dieser Arbeit ihren Reiz verleiht. Die zweidimensionale Abbildung der Saftpresse gaukelt uns Dreidimensionalität vor, und die Zitrone scheint dies zu bestätigen. Aber natürlich wissen wir, dass jede fotografische Abbildung zweidimensional ist und lassen uns auch nicht von dem Saftstrahl hinters Licht führen, der seine zweidimensionale Welt verlässt und plötzlich eine räumliche Dimension zu bekommen scheint. Oder doch?

Legen Sie als erstes über DATEI-NEU eine Arbeitsfläche mit den Maßen 13,33 x 10 cm bei 300 dpi an.

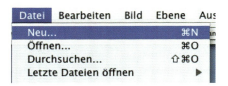

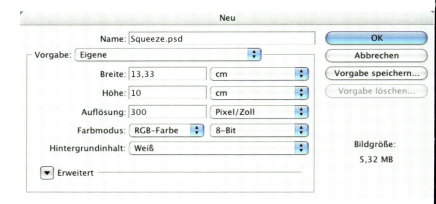

Öffnen Sie nun die Datei *Saftpresse* und ziehen Sie sie mit dem Bewegenwerkzeug auf die gerade angelegte Arbeitsfläche.

Die Ebene *Saftpresse* liegt also direkt über dem *Hintergrund*. Über BEARBEI-
TEN-TRANSFORMIEREN-DREHEN wird die Saftpresse nun um etwa 30° gegen den
Uhrzeigersinn gedreht.

> **Tipp**
>
> Wenn Sie zum Drehen der Ebene in den VOLL-BILDMODUS MIT MENÜ-LEISTE wechseln, haben Sie mehr Bewegungsfreiheit!

Nun kommt es darauf an, die Ebene der Saftpresse als eine Art »schwebendes Foto« darzustellen. Also müssen wir sie verzerren, um eine Betrachterperspektive zu erzielen. Über BEARBEITEN-TRANSFORMIEREN finden Sie die Option VERZERREN. Ziehen Sie die rechte untere Ecke nach rechts einige Zentimeter über die Bildbegrenzung hinaus.

Was noch fehlt, ist die perspektivische Verkürzung, die wir wahrnehmen könnten, wenn wir von schräg oben auf das Foto der Saftpresse blickten. Im Menü BEARBEITEN-TRANSFORMIEREN benutzen wir die Option SKALIEREN. Damit die

Breite des Bildes erhalten bleibt und nur die Höhe »gestaucht« wird, ziehen Sie den mittleren Greifpunkt der unteren Linie mit gedrückter Maustaste nach oben, bis Sie die Höhe des Bildes um etwa ¼ reduziert haben. Doppelklicken Sie nun in das Bild, um die Skalierung zu bestätigen.

Noch sieht unser Bild ein wenig steif aus, also bringen wir es mit dem Filter SCHWINGUNGEN ein wenig in Form. Dieser Filter bietet eine ganze Menge verschiedener Möglichkeiten. Mehr als sieben Generatoren wirken allerdings sehr künstlich, auch die Minimal- und Maximalwerte von Wellenlänge und Amplitude sollten nicht sehr weit auseinander liegen.

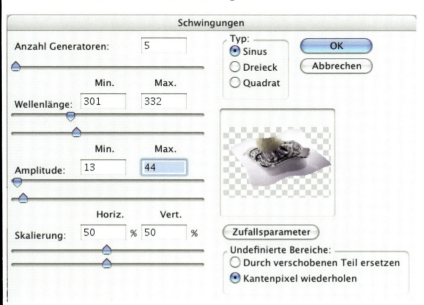

Tipp

Der Schwingungen-Filter bietet viele Einstellmöglichkeiten. Probieren Sie ruhig verschiedene Varianten aus, doch lassen Sie das Bild nicht zu sehr flattern.

Kapitel 12   Squeeze!

Um die soeben erzeugten Wellen überzeugender zu gestalten, müssen wir ein paar Schatten einzeichnen. Versuchen Sie, sich das Bild als dreidimensionales Gebilde vorzustellen, und gehen Sie davon aus, dass das Licht von rechts kommt. Logischerweise muss dann jeder »Wellenberg« auf seiner linken Seite einen Schatten haben, der sozusagen das »Tal« zwischen den »Bergen« füllt. Legen Sie also eine neue Ebene direkt oberhalb der *Saftpresse* an, die Sie *Schatten Saftpresse* nennen. Ändern Sie den Modus von *Normal* in *Multiplizieren*. Klicken Sie dann mit dem Zauberstab (Toleranz zwischen 20 und 150) in der Ebene *Saftpresse* neben das Bild und kehren Sie die entstandene Auswahl um.

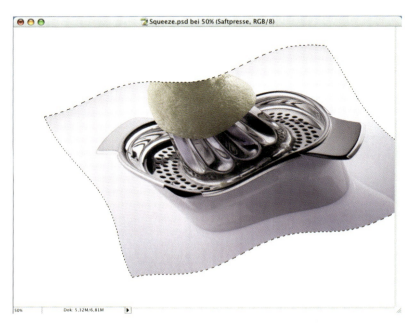

284 PHOTOSHOP CS2

Nun malen Sie mit einer sehr weichen Werkzeugspitze von 300 Pixeln Durchmesser und einem mittleren Grauton die Schatten über das Bild.

> **Hinweis**
> Einen mittleren Grauton erhalten Sie, wenn Sie im Farbwähler für die Werte für Rot, Grün und Blau jeweils einen Wert von etwa 125 einsetzen.

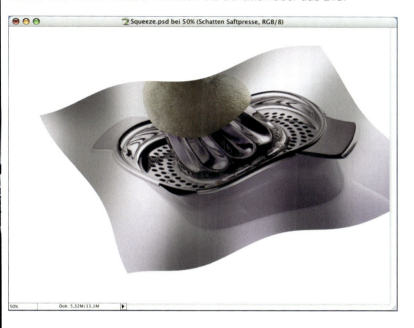

Wie das im hier abgebildeten Fall aussieht, können Sie am besten erkennen, wenn die Ebene der Saftpresse ausgeblendet wird:

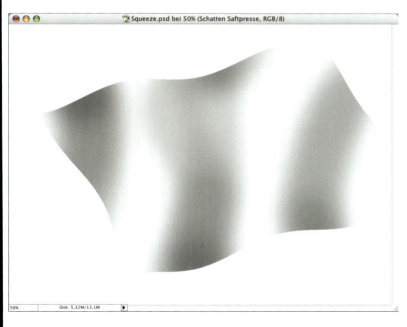

Kapitel 12   Squeeze!

Langsam wird es Zeit, auch den Untergrund zu gestalten. Ich habe ein kräftiges Blau gewählt, weil es einen starken Farbkontrast zur gelben Zitrone liefert, natürlich können Sie ebenso jede andere Farbe verwenden. Legen Sie unter der Ebene *Saftpresse* die Ebene *Untergrund* an. Wählen Sie eine Farbe aus und füllen Sie die Ebene über BEARBEITEN-FLÄCHE FÜLLEN.

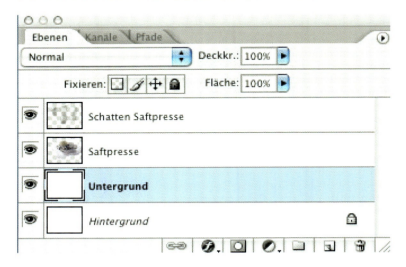

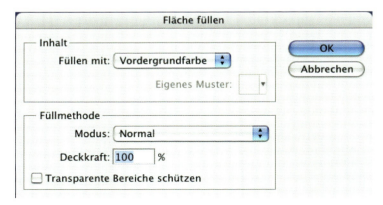

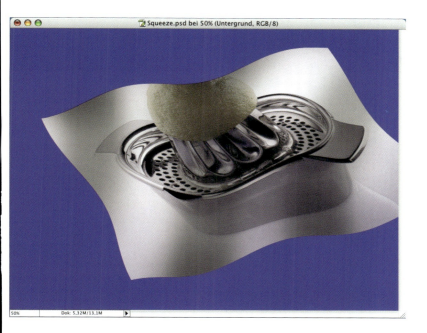

Zugegeben, der Hintergrund wirkt ziemlich tot, Sie müssen ihn also erst zum Leben erwecken. Beginnen Sie mit dem Schatten des gewellten Bildes: Duplizieren Sie die Ebene *Saftpresse* und ziehen Sie sie im Ebenenfenster unter die *Saftpresse*. Benennen Sie sie und ändern Sie den Modus von *Normal* zu *Multiplizieren*. Über BEARBEITEN-ANPASSEN-HELLIGKEIT/KONTRAST wird der Kontrast auf den Wert -100 zurückgefahren, so dass die Ebene nur noch grau ist.

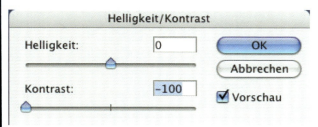

Kapitel 12   Squeeze!

Um den Schatten sichtbar zu machen, müssen wir ihn verzerren. Hierzu verwenden Sie wieder das Verzerren-Werkzeug, das Sie im Menü BEARBEITEN-TRANSFORMIEREN-VERZERREN finden. Ziehen Sie die linken Ecken nach links und nach unten. Auf diese Weise wird der Schatten links und unterhalb des Bildes sichtbar.

Abbildung 12.1
Die Lichtquelle ist rechts, aber außerhalb des Bildes. Also muss der Schatten nach links verzerrt werden.

Da der Schatten nur sichtbar sein kann, wenn das Bild einen Abstand zum Untergrund hat, kann er nicht gänzlich scharf sein, sondern muß weichgezeichnet werden. Öffnen Sie den GAUSSSCHEN WEICHZEICHNER aus dem FILTER-MENÜ und zeichnen Sie den Schatten mit einem Radius von 20 bis 25 Pixeln weich.

Nun muss der Untergrund moduliert werden, um einen lebendigeren Eindruck zu vermitteln. Legen Sie über dem *Untergrund* die neue Ebene *Abdunklung* an.

Hinweis
Durch das Abdunkeln der Ecken wirkt der Untergrund plastischer.

Wieder kommt die weiche Werkzeugspitze des Pinselwerkzeugs zum Einsatz, indem Sie mit einer Deckkraft von etwa 15 % über den Ecken des blauen Untergrundes Grau auftragen.

Kapitel 12   Squeeze!

In derselben Ebene tragen Sie nun auch zwischen der Vorderkante des Bildes und der vorderen rechten Ecke etwas weiße Farbe auf, Deckkraft und Werkzeugspitze ändern sich nicht. Damit vervollkommnen Sie den Untergrund!

> **Tipp**
> Das Auftragen von weißer Farbe wirkt als Lichteffekt und fügt dem Untergrund ein weiteres Spannungsmoment hinzu.

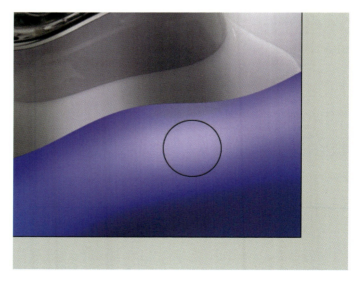

Noch mal zurück zum Schatten des Bildes in die Ebene *Saftpresse Schatten*: Er wirkt natürlicher, wenn er in der Nähe der gewellten Bildkanten dunkler wird. Das erreichen Sie mit dem Nachbelichtenwerkzeug durch Nachbelichten der Mitteltöne bei einer Deckkraft von 20 %.

Als Nächstes wird die Zitrone eingebaut. Öffnen Sie die Datei Zitrone und stellen Sie sie frei. Dies geschieht entweder mit dem Pfad oder dem Extrahierenwerkzeug, auch das Magnetlasso ist in diesem Fall eine Möglichkeit. Ziehen Sie die freigestellte Zitrone auf die Arbeitsfläche und drehen Sie sie über BEARBEITEN-TRANSFORMIEREN-DREHEN so gegen den Uhrzeigersinn, dass sie optisch glaubhaft auf der Saftpresse sitzt.

Kapitel 12   Squeeze!

Abbildung 12.2
Die Zitrone wird nach der Freistellung auf der Presse montiert.

Noch glaubhafter wird die Zitrone, wenn unter der Schnittkante ein leichter Schatten eingebaut wird. Legen Sie also direkt unterhalb der Ebene *Zitrone* eine Ebene *Zitrone Schatten* an und wechseln Sie vom Normalmodus in den Modus *Multiplizieren*.

Wählen Sie als Farbe ein mittleres Grau und malen Sie mit dem Pinselwerkzeug und einer weichen Werkzeugspitze von 45 Pixeln Durchmesser den Schatten unterhalb der Schnittkante der Zitrone.

Die Pfütze wurde auf einem Stück weißem Plexiglas fotografiert, da ich im exakt passenden Farbton leider kein blaues zur Verfügung hatte. Öffnen Sie die Datei *Pfütze* und platzieren Sie sie links an der unteren Bildkante. Die Ebene liegt zwischen den Ebenen *Abdunklung* und *Untergrund*. Als Modus wählen Sie *Hartes Licht*.

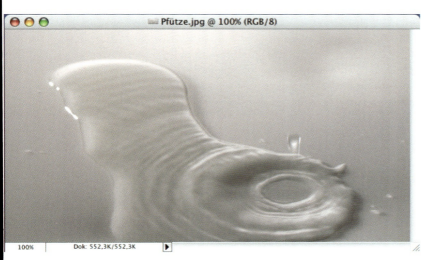

Kapitel 12   Squeeze!

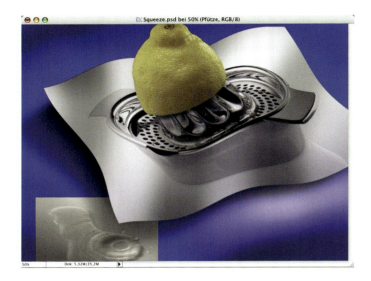

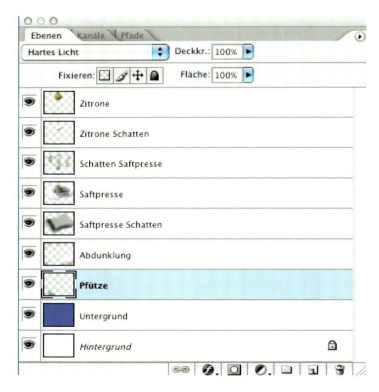

Zwar habe ich großes Vertrauen in Ihre Kunst, die Farbe der Pfütze ihrer Umgebung anzugleichen, dennoch halte ich es für sinnvoll, das weiße Umfeld der Pfütze mit einer kleinen Werkzeugspitze des Radierenwerkzeugs zu entfernen.

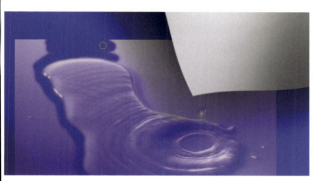

> **Hinweis**
>
> Entfernen Sie das weiße Umfeld der Pfütze mit einer kleinen Werkzeugspitze des Radierenwerkzeugs.

Der Modus *Hartes Licht* der Pfütze sieht schon fast natürlich aus, lediglich die Farbe hat einen etwas zu großen Rot-Anteil, so dass wir mit Cyan gegensteuern müssen. Öffnen Sie also über BILD-ANPASSEN die FARBBALANCE und ziehen Sie den Rot/Cyan-Farbregler ganz nach links. Jetzt müsste die Farbe der Pfütze mit dem Untergrund übereinstimmen!

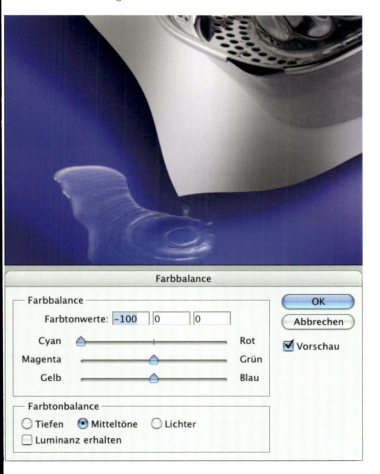

COMPOSING & MONTAGE **295**

Kapitel 12 Squeeze!

Wir nähern uns der Perfektion: Öffnen Sie als letzte Datei den *Strahl* und stellen Sie ihn frei. Egal ob Sie dazu das Pfadwerkzeug oder das Polygonlasso verwenden, achten Sie bitte darauf, einen Teil des Ausgusses mit in die Auswahl einzubeziehen.

> **Tipp**
>
> Achten Sie beim Freistellen des Strahls darauf, einen Teil der Presse mit in die Freistellung einzubeziehen, dies erleichtert die spätere Montage.

296 PHOTOSHOP CS2

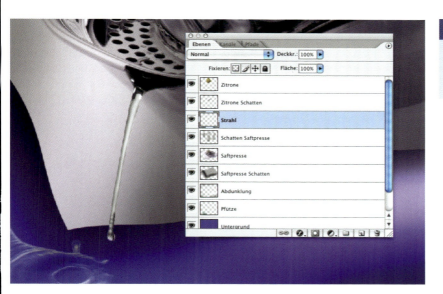

Hinweis

Platzieren Sie die *Strahl*-Ebene im Ebenenfenster unterhalb der Ebene *Zitrone Schatten*.

Im nächsten Schritt werden in der Ebene *Strahl* die harten Kanten am Ausguss und die überstehenden Bildteile mit einer kleinen weichen Werkzeugspitze des Radiergummiwerkzeugs entfernt.

Kapitel 12 Squeeze!

Jetzt muss der Strahl nur noch in die Pfütze treffen. Über BEARBEITEN-TRANSFORMIEREN-NEIGEN können wir den Strahl lenken, indem wir die untere Linie des aufgezogenen Rechtecks nach links schieben. Die obere Linie bleibt an Ort und Stelle. Bewegt sich der Strahl zu weit vom Ausguss der Saftpresse weg, ziehen Sie ihn mit gedrückter Maustaste einfach wieder zurück an die passende Stelle. Wenn alles sitzt, doppelklicken Sie zur Bestätigung des Vorgangs in das aufgezogene Rechteck.

Zuletzt müssen Sie dem schwebenden Bild noch Plastizität verleihen, so dass es den Eindruck einer Folie verliert und eher wie eine echte Fotografie wirkt. Duplizieren Sie die Ebene *Saftpresse,* nennen Sie sie *Material* und ziehen Sie sie im Ebenenfenster direkt unter die *Saftpresse*.

Hinweis

Der letzte Schritt: Das schwebende Bild bekommt Plastizität.

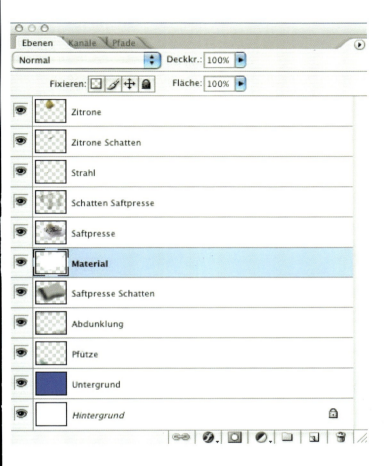

Über das Menü BILD-ANPASSEN-HELLIGKEIT/KONTRAST reduzieren Sie alle Farben auf reines Weiß, indem Sie die Helligkeit auf einen Wert von +100 und den Kontrast auf -100 setzen.

Kapitel 12   Squeeze!

> **Hinweis**
> Die duplizierte Ebene der Saftpresse wird durch Verschieben als Materialdicke sichtbar.

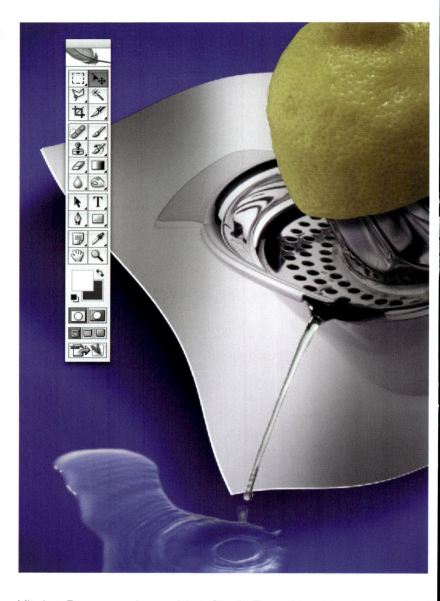

Mit dem Bewegenwerkzeug ziehen Sie die Ebene *Material* nun wenige Pixel nach links und nach unten, bis sie als dünne weiße Linie sichtbar wird.

Um den Rand an die vorhandene Lichtsituation anzupassen, muss er an der dem Licht abgewandten Seite nachbelichtet werden. Dies geschieht mit dem Nachbelichtenwerkzeug, einer großen, weichen Werkzeugspitze und dem Einstellungsbereich »Lichter«. Bearbeiten Sie die betreffenden Stellen mehrmals und wählen Sie eine Deckkraft von maximal 10 %.

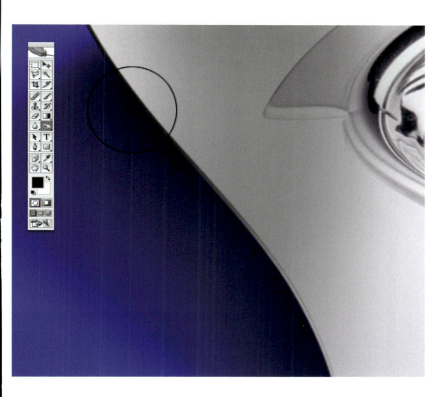

Abbildung 12.3
...Prost!

COMPOSING & MONTAGE **301**

KAPITEL 13
Sweet Impact

13.1 Landschaft	304
13.2 Die Tasse	315
13.3 Die Zuckerwürfel	320

Die meisten Unfälle passieren im Haushalt. Um diesem bedrohlich wirkenden Satz etwas von seiner Dramatik zu nehmen, habe ich mir die folgende Arbeit ausgedacht. Für diejenigen, die für eine ähnliche Arbeit den Kaffee-Schwapp selbst fotografieren wollen, verrate ich, wie's geht: Auf ein Grundbrett aus Holz von ca. 20 x 20 cm wird ein Scharnier montiert, auf dieses wiederum eine Tasse geklebt. Verwenden Sie Heißkleber, der hält der Belastung stand und kann dennoch nach der Aktion recht leicht wieder entfernt werden. Nun wird an die schmale Kante einer Tischplatte mit Hilfe von Schraubzwingen eine Holzlatte geschraubt. Füllen Sie Kaffee in die Tasse und stellen Sie sie etwa 50 cm von der Holzlatte entfernt auf. Beschleunigen Sie das Grundbrett sachte, aber mit Schwung, bis es von der Holzlatte abrupt gestoppt wird, das Scharnier umklappt und den Kaffee aus der Tasse katapultiert. Genau in diesem Moment muß ein Helfer auf den Auslöser der Kamera drücken. Es empfiehlt sich allerdings, eine große Auffangschale unterhalb des Tischendes zu platzieren, um die Sauerei etwas einzudämmen. Die Aktion verlangt ein wenig Übung, doch Sie werden schnell herausfinden, wie Sie das beste Schwappfoto erzielen! Nun zur Bildkomposition:

13.1 Landschaft

Öffnen Sie die Datei *Boden* und wählen Sie über AUSWAHLMENÜ-ALLES AUSWÄHLEN das gesamte Bild aus. Über BEARBEITEN-TRANSFORMIEREN-SKALIEREN stauchen Sie die Datei zusammen, bis sie nur noch etwa knapp die Hälfte ihrer ursprünglichen Höhe besitzt. Die Bildbreite bleibt unangetastet. Dann drehen Sie die Arbeitsfläche um 90° gegen den Uhrzeigersinn, denn der Verbiegen-Filter, der als Nächstes benötigt wird, gestattet lediglich Verbiegungen in horizontaler Ausrichtung.

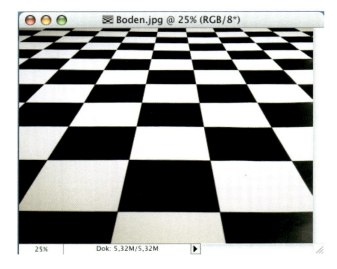

13.1 Landschaft

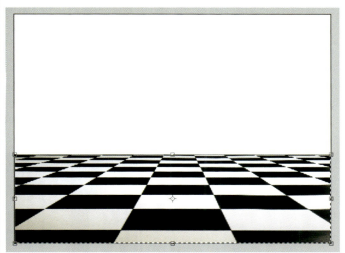

Hinweis

In diesem speziellen Fall wird nur die Bildhöhe skaliert. Halten Sie also während der Skalierung die `Shift`-Taste *nicht* gedrückt.

COMPOSING & MONTAGE **305**

Die nunmehr gedrehte Datei wird mit dem Verbiegen-Filter behandelt, den Sie unter FILTER-VERZERRUNGSFILTER-VERBIEGEN finden. Prinzipiell können Sie so viele Kurvenpunkte setzen, wie Sie wollen, allerdings finde ich, dass zwei genügen, um dem Untergrund ausreichend dynamischen Schwung zu verleihen. Auch die Amplitude, also die Höhe und Richtung der Wellen, kann frei gewählt werden. Wenn Ihnen die Vorschau gefällt, bestätigen Sie sie mit dem OK-Button und speichern Sie das Ergebnis unter einem geeigneten Namen ab.

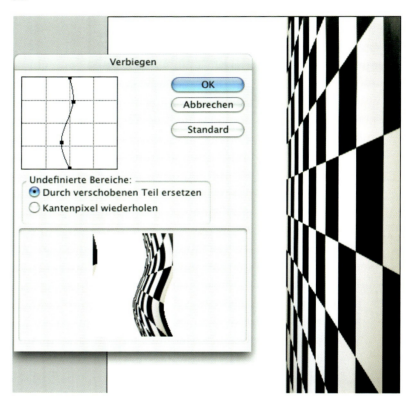

Abbildung 13.1
Aktivieren Sie die Option DURCH VERSCHOBENEN TEIL ERSETZEN. Der ersetzte Teil in der oberen linken Ecke wird später mit weißer Farbe übermalt.

13.1 Landschaft

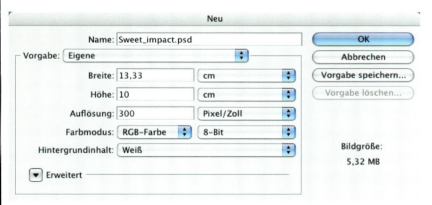

Erst jetzt wird die eigentliche Arbeitsfläche angelegt, und zwar in der Größe 10 x 13,33 cm bei einer Auflösung von 300 dpi.

Öffnen Sie den eben verbogenen Boden und ziehen Sie ihn auf die Arbeitsfläche, so dass er die untere Bildkante an jeder Stelle berührt. Wie tief Sie den gewellten Horizont nach unten bewegen, bleibt Ihnen überlassen. Mit ein paar elegant plazierten Kurven des Freistellwerkzeugs wird die weiße Fläche oberhalb des Bodens erfasst und, nach der Umwandlung in eine Auswahl, gelöscht. Wundern Sie sich nicht, dass sie keine sichtbare Veränderung wahrnehmen können, da die Farbe der Arbeitsfläche ebenfalls weiß ist! Nach dem Löschvorgang können Sie die Auswahl aufheben.

> **Tipp**
>
> Sie können sich das Freistellen sparen, indem Sie den Boden nach der Skalierung kopieren und in eine Arbeitsfläche von 10 x 13,33 cm einfügen, deren Hintergrund transparent angelegt ist.

13.1 Landschaft

Öffnen Sie die Datei *Himmel* und ziehen Sie sie mit dem Bewegenwerkzeug auf die Arbeitsfläche. Ordnen Sie die neue Ebene unterhalb des Bodens an, damit die Bodenwelle weiterhin den Horizont bestimmt.

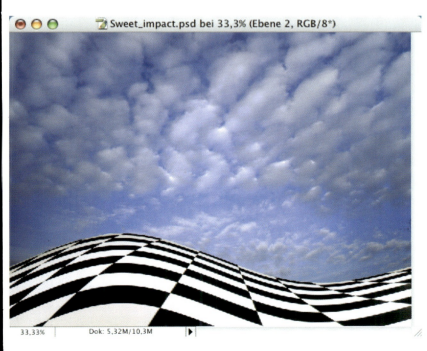

Hinweis

Da die Himmelsebene unter der Bodenebene liegt, bestimmt diese die Horizontlinie.

COMPOSING & MONTAGE **309**

Kapitel 13 — Sweet Impact

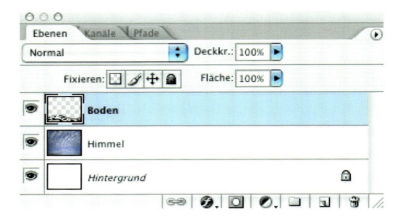

Sicherlich finden Sie auch, dass Himmel und Boden noch nicht wirklich gut zusammenpassen. Sie müssen in punkto Farbe und Helligkeit noch einander angeglichen werden. Beginnen wir mit der Farbe: Im Dialog BILD-ANPASSEN-FARBTON/SÄTTIGUNG verschieben Sie den Regler für den Farbton nach links, um einen kühleren Ton zu erhalten. Im Beispiel habe ich einen Wert von -35 gewählt.

Abbildung 13.2
Der kühlere Farbton des Himmels gibt der Landschaft mehr Weite als das etwas dumpfe Normalblau.

Hinweis

Wer sich mit den Farb- und Helligkeitskorrekturen nicht ganz sicher ist, der kann diese natürlich auch über EBENE-NEUE EINSTELLUNGSEBENE-TONWERTKORREKTUR durchführen. Sie ist jederzeit korrigierbar.

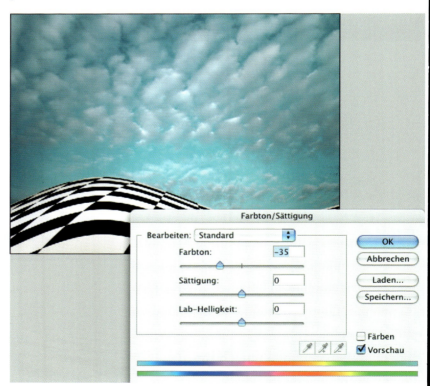

13.1 Landschaft

Wechseln Sie nun vom Normal- in den Maskierungsmodus, klicken Sie das Verlaufswerkzeug an und ziehen Sie von oben nach unten einen linearen Verlauf über den Himmel, der sogleich wieder in eine Auswahl umgewandelt wird. Öffnen Sie die Tonwertkorrektur und verschieben Sie den mittleren Regler nach rechts, um so den oberen Teil des Himmels abzudunkeln. Gehen Sie nicht wesentlich unter einen Wert von 0,60.

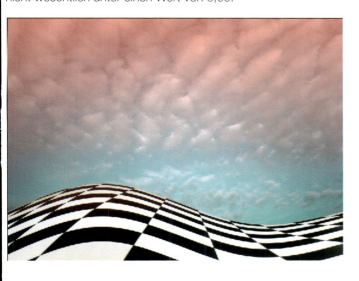

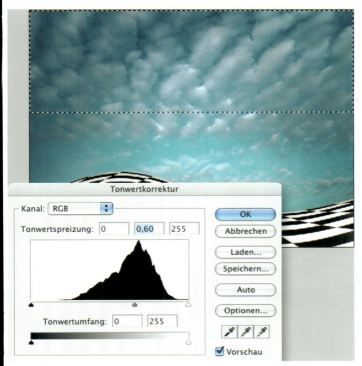

Abbildung 13.3
Vermeiden Sie Korrekturen, deren Wert deutlich niedriger als 0,60 ist, da Sie ansonsten Tonwertabrisse riskieren!

Kapitel 13 — Sweet Impact

Kehren Sie die Auswahl nun um, so dass die untere Partie des Himmels ausgewählt ist. Sie wird ebenfalls per Tonwertkorrektur verändert, allerdings müssen Sie den mittleren Regler nach links schieben, um eine Aufhellung der Tonwerte zu erreichen. Ein Wert von 1,70 dürfte genügen.

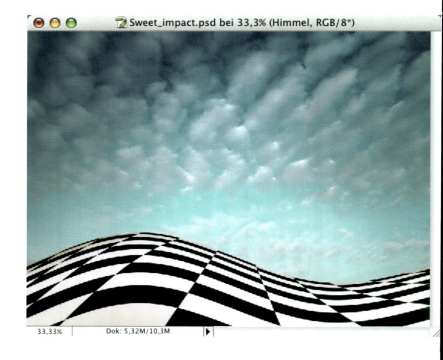

13.1 Landschaft

Die Helligkeit des Untergrundes muss zum Horizont hin zunehmen, um den Eindruck von Weite zu vermitteln. Zuerst müssen Sie eine Maske konstruieren, die den Horizont stärker berücksichtigt als den Vordergrund. Klicken Sie auf das Pinselwerkzeug und malen Sie im Maskierungsmodus mit einer weichen, etwa 350 Pixel großen Werkzeugspitze eine Maske über den Horizont. Gehen Sie zurück in den Normalmodus und öffnen Sie die Tonwertkorrektur. Durch Rechtsverschiebung des schwarzen Tonwertumfangreglers entfernen Sie die dunklen Tonwerte entsprechend der Dichte der Maske, die Sie zuvor angelegt haben. Ein Wert von etwa 150 hellt den Untergrund ausreichend auf.

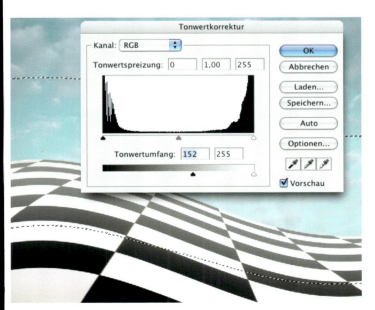

Abbildung 13.4
An der Tonwerteverteilung des Histogramms kann man deutlich erkennen, dass der Boden überwiegend aus sehr hellen und sehr dunklen Elementen besteht.

COMPOSING & MONTAGE **313**

Die Farbe von Himmel und Boden bekommt nun eine Feinabstimmung, die die gesamte Szene wärmer erscheinen lässt. Beginnen Sie wieder mit dem Himmel, indem Sie auf die Himmelebene klicken. Öffnen Sie dann aus dem Menü BILD•ANPASSEN den Dialog FARBBALANCE und ziehen Sie die Regler für Rot und Gelb jeweils auf Werte von 60 bis 80, mehr oder weniger als diese Werte sind reine Geschmackssache. Ebenso verfahren Sie mit der *Boden*-Ebene, nur dass der Gelbton nicht ganz so stark ausgeprägt sein sollte wie beim Himmel. Ein Wert von 40 bis 50 genügt.

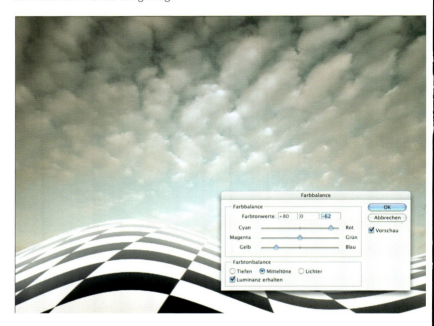

Abbildung 13.5
Die Farbverschiebung in den Wolken lässt den Himmel noch dramatischer wirken.

Sie haben es fast geschafft. Als Letztes muss lediglich der etwas zu scharf wirkende Horizont noch verschleiert werden. Legen Sie eine neue Ebene an, die *Haze* genannt wird. Sie wird über den anderen ganz oben im Ebenenmenü platziert. Malen Sie nun mit weißer Farbe, einer Deckkraft von 10 bis 15 % und einer weichen Pinselspitze Dunstschleier über den Horizont. Dabei sollten Sie die Größe der Werkzeugspitze zwischen 50 und 200 Pixeln variieren, um den Schleier leicht und luftig erscheinen zu lassen.

13.2 Die Tasse

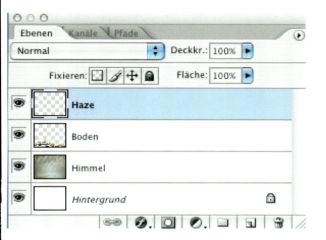

Abbildung 13.6
Der Dunstschleier in der *Haze*-Ebene komplettiert die Landschaft.

13.2 Die Tasse

Öffnen Sie die Datei *Tasse* und stellen Sie sie frei. Dies klappt ausnahmsweise sehr gut mit dem Zauberstab, da der Hintergrund aus reinem Weiß besteht. Wählen Sie als Toleranz einen Wert unter 10, so dass die hellen Pixel der Tasse nicht mit ausgewählt werden, und klicken Sie auf den Hintergrund. Zur Vermeidung heller Randpixel erweitern Sie die Auswahl über AUSWAHL-AUSWAHL VERÄNDERN-ERWEITERN um ein Pixel, anschließend wird sie über AUSWAHL-WEICHE AUSWAHLKANTE um 0,5 Pixel abgesoftet. Nun können Sie den gesamten Hintergrund im Menü BEARBEITEN-LÖSCHEN entfernen und die Tasse auf die Arbeitsfläche ziehen. Nennen Sie die Ebene *Tasse* und legen Sie sie an oberste Stelle im Ebenenfenster.

Kapitel 13   Sweet Impact

Abbildung 13.7
Um die Tasse freizustellen ist es am einfachsten, den weißen Hintergrund auszuwählen, da er nur aus einem einzigen Farbton besteht. Für das Innere des Henkels klicken Sie mit dem Zauberstabwerkzeug und gedrückter `Shift`-Taste hinein.

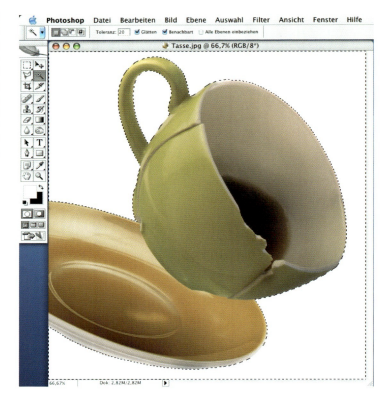

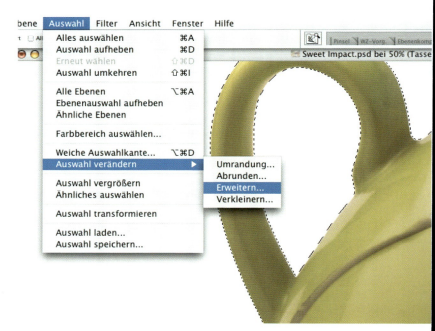

316 PHOTOSHOP CS2

Da die Untertasse dem Boden sehr nahe kommt, benötigt sie einen Schatten. Legen Sie unterhalb der Tassenebene eine neue Ebene an, die *Schatten Untertasse* genannt wird. Wichtig ist, den Modus von *Normal* in *Multiplizieren* zu ändern. Zunächst malen Sie mit einer etwa 200 Pixel großen, weichen Werkzeugspitze und schwarzer Farbe recht großflächig den Hauptschatten unter die Untertasse. Die Deckkraft beträgt lediglich 8 bis 10 %. Dann wechseln Sie zu einer kleineren Werkzeugspitze von etwa 65 Pixeln und erhöhen die Deckkraft auf 15 %. Tragen Sie nun an der Stelle die Farbe auf, wo die Untertasse den Boden fast berührt.

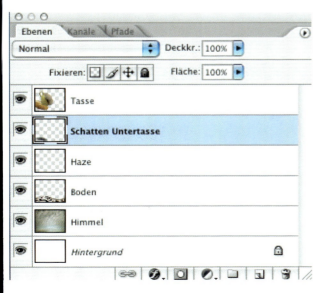

Abbildung 13.8
Der Schatten muss um so dunkler werden, je geringer die Distanz zwischen Untertasse und Boden ist.

Abbildung 13.9
So sieht der Schatten „pur" aus. Man kann erkennen, dass er an der Stelle, wo die Untertasse den Boden nahezu berührt, um einiges dunkler ist als am Rand.

Jetzt wird's ernst. Öffnen Sie als nächste Datei den Splash, der anschließend mit dem Pfadwerkzeug freigestellt wird. Achten Sie beim Freistellen darauf, einen Teil des Tassenrandes in den Pfad mit einzubeziehen. Das ermöglicht später eine natürlich wirkende Ausgusskante. Wandeln Sie den Pfad in eine Auswahl um, verkleinern Sie diese um ein Pixel und geben Sie ihr eine 0,5 Pixel starke weiche Auswahlkante, ähnlich wie bei der Tasse zuvor. Ziehen Sie die Tasse dann auf die Arbeitsfläche, die Ebene muss ganz oben liegen.

Abbildung 13.10
Beziehen Sie einen Teil des Tassenrandes mit in den Pfad ein, um die Ausgusskante natürlich wirken zu lassen.

13.2 Die Tasse

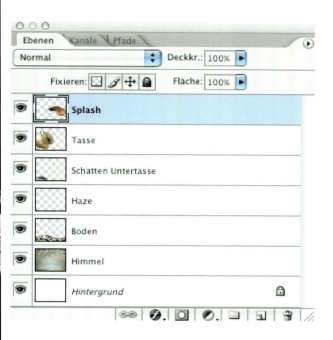

Jetzt kommt das Schwerste: Über BEARBEITEN-TRANSFORMIEREN-DREHEN und BEARBEITEN-TRANSFORMIEREN-SKALIEREN wird der *Splash* der *Tasse* angepasst. Wichtig dabei ist, den unter dem *Splash* sichtbaren Tassenrand in etwa mit dem Rand der darunter liegenden Tasse in Deckung zu bringen. Seien Sie nicht zu kritisch mit sich selbst, denn da der Tassenrand an dieser Stelle ohnehin zersplittert ist, fällt eine kleine Abweichung optisch nicht ins Gewicht.

Abbildung 13.11
Am besten klappt's, wenn Sie ständig zwischen TRANSFORMIEREN und SKALIEREN wechseln. Erst wenn alles stimmt, bestätigen Sie das Ergebnis per Eingabetaste.

Kapitel 13 Sweet Impact

Der Rest ist die übliche Radierarbeit. Wer unsicher damit ist, sollte in der *Splash*-Ebene eine Ebenenmaske anlegen, um notfalls das gesamte Ergebnis rückgängig machen zu können und von vorne zu beginnen. Empfehlenswert für den Radiervorgang ist die Verwendung einer Spitze von 65 Pixeln, deren Kantenschärfe etwa 50 % beträgt. Damit bearbeiten Sie die gesamte Tasse der *Splash*-Ebene, lediglich die vordere Ausgusskante bleibt erhalten.

Abbildung 13.12
Wer auf Nummer sicher gehen möchte, sollte in der Ebene *Splash* eine Ebenenmaske anlegen, um notfalls den gesamten Schritt wiederholen zu können.

13.3 Die Zuckerwürfel

Nicht ganz zufällig habe ich den Einschlag des Zuckerwürfels in einem der vier Goldenen Schnittpunkte des Bildes plaziert. Öffnen Sie also die Datei *Impact* und plazieren Sie die Ebene im Ebenenfenster ganz oben. Bewegen Sie den *Impact* dann an die Stelle wo er in der Tasse einschlagen soll. Dies geht wahrscheinlich am besten, wenn Sie die Deckkraft der Ebene auf 50 % reduzieren.

13.3 Die Zuckerwürfel

Als Nächstes muss der Zucker von seinem schwarzen Hintergrund befreit werden. Im Ebenenmenü finden Sie den EBENENSTIL, darin wiederum die FÜLL-OPTIONEN. Im sich öffnenden Dialog finden Sie zwei Regler, die es Ihnen erlauben, Tonwerte der aktiven oder der darunter liegenden Ebenen zu entfernen. Sie benötigen lediglich den oberen Regler (*Diese Ebene*). Bewegen Sie den linken Regler so weit nach rechts, bis vom schwarzen Hintergrund des Zuckerwürfels nur noch Konturen zu sehen sind. Nun bewegen Sie mit gedrückter Alt -Taste den rechten Teil des Reglers weiter nach links. So ermöglichen Sie einen weichen Übergang zwischen dem hellen Zuckerwürfeln und seiner Umgebung. Wenn das Ergebnis passt, bestätigen Sie es mit der Enter -Taste.

> **Tipp**
>
> Um den *Impact* an der passenden Stelle zu platzieren, verringern Sie einfach vorübergehend seine Deckkraft auf 50 %.

Kapitel 13   Sweet Impact

Abbildung 13.13
Über die Fülloptionen werden die dunklen Tonwerte des Hintergrundes entfernt.

13.3 Die Zuckerwürfel

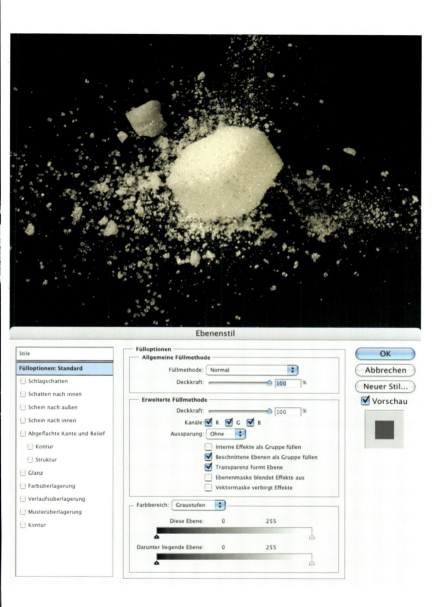

Kapitel 13   Sweet Impact

Das Ergebnis kann sich schon sehen lassen, ist aber natürlich noch zu verbessern. Einige der Zuckerbrösel sind zu dunkel, sie wirken nicht echt. Leider können sie nicht einfach aufgehellt werden, da Änderungen der Helligkeit sofort in die Berechnungen der gerade eben durchgeführten Tonwertveränderungen einbezogen und somit zum Verschwinden der Brösel führen würden. Ein einfacher Kniff schafft Abhilfe: Legen Sie unterhalb der Ebene *Impact* eine neue Ebene an und reduzieren Sie beide auf eine Ebene. Nun können Sie völlig ungehindert mit dem Aufhellwerkzeug einzelne Zuckerbrösel bearbeiten. Setzen Sie für den aufzuhellenden Tonbereich die Mitteltöne und für die Deckkraft etwa 10 % ein.

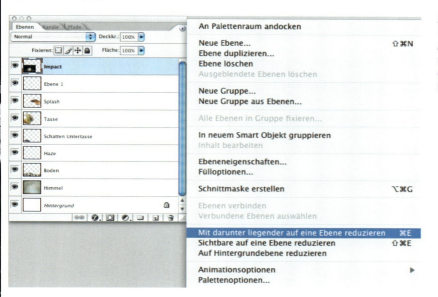

Abbildung 13.14
Erst das Umkopieren der *Impact*-Ebene auf eine neu angelegte Ebene ermöglicht eine Aufhellung ihres Inhaltes.

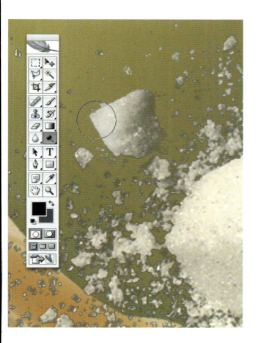

Kapitel 13   Sweet Impact

Öffnen Sie die Datei *Zuckerwürfel*. Der riesige Würfel in der unteren Bildecke verstärkt die ohnehin starke Perspektiv-Wirkung noch mehr. Das Freistellen übernimmt hier das Extrahierenwerkzeug. Umfahren Sie seine Konturen mit einer Werkzeugspitze von 25 Pixeln Durchmesser, füllen Sie dann sein Inneres und bestätigen Sie alles mit dem OK-Button. Anschließend können Sie ihn auf die Arbeitsfläche ziehen und in der linken unteren Bildecke plazieren.

Abbildung 13.15
Mit Hilfe des Extrahierenwerkzeugs können unregelmäßige Strukturen wie diese einfach und perfekt freigestellt werden.

Abbildung 13.16
Um dem Würfel mehr Dynamik zu verleihen, können Sie ihn über BEARBEITEN-TRANSFORMIEREN-DREHEN in eine andere Position bringen.

13.3 Die Zuckerwürfel

Der kleinere Würfel ist nichts weiter als eine skalierte Kopie des großen, ebenso der Schweif der hinteren Würfel. Kopieren und skalieren Sie, soviel Sie wollen. Der Einfachheit halber habe ich sämtliche Würfel hinter der *Tasse* auf eine einzige Ebene gesetzt. Da sie sich nirgendwo berühren, ist dies problemlos möglich. Lediglich bei der Anordnung der verschiedenen Würfelebenen ist Vorsicht geboten: Während die beiden großen im Vordergrund oberhalb der *Tassen*-Ebene liegen, müssen die hinteren Würfel unterhalb der *Tasse* liegen, da sie von dieser teilweise verdeckt werden.

Abbildung 13.17
Die großen Würfel müssen oberhalb der *Tassen-*Ebene angeordnet werden, die hinteren darunter.

Eine zerberstende Tasse muss splittern, das macht die ganze Aktion noch glaubwürdiger. Die Splitter können Sie ganz leicht selbst produzieren. Klicken Sie auf die Ebene *Tasse* und umranden Sie mit dem Polygonlasso einen Ausschnitt Ihrer Wahl. Achten Sie darauf, ein paar splitterähnliche Ecken mit in die Auswahl aufzunehmen, so dass sich ein veritabler Splitter ergibt. Kopieren Sie die Auswahl und fügen Sie sie wieder ein. Die neu entstandene Ebene ordnen Sie dann ganz oben im Ebenenfenster an. Durch Drehen des Splitters erhält er seine Dynamik. Auf diese Weise lassen sich beliebig viele Splitter generieren.

13.3 Die Zuckerwürfel

Hinweis

Generieren Sie mehrere Splitter, die sich in Form, Größe und Drehrichtung unterscheiden.

Kapitel 13   Sweet Impact

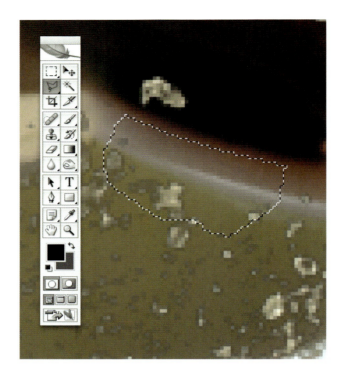

330 PHOTOSHOP CS2

13.3 Die Zuckerwürfel

Und die Moral von der Geschicht': Werfen Sie kaputtes Geschirr auf keinen Fall weg. Vielleicht können Sie es noch brauchen.

KAPITEL 14
Genfood

14.1 Einbau der Tomaten	334
14.2 Der Kabelanschluss	344

Kapitel 14 Genfood

Natürlich oder künstlich? Natürlich künstlich, und schon steckt man mitten in der Diskussion über genmanipulierte Lebensmittel. Äußerlich sind sie von naturbelassenen Produkten nicht zu unterscheiden, doch die ungeahnten Möglich- und Unmöglichkeiten der Erbgutveränderung regen unsere Fantasie an. Wenn wir dann Einfallsreichtum mit den Werkzeugen der Bildbearbeitung kreuzen, müsste sich da doch eine groteske Frucht herausmendeln lassen. Alles ist machbar – vorausgesetzt es gelingt, die verschiedenen Früchte so zu kombinieren, dass das Ergebnis wie eine neue Spezies aussieht, die unter natürlichen Bedingungen so niemals wachsen könnte.

14.1 Einbau der Tomaten

Öffnen Sie zunächst die Datei *Schoten*. Sie ist im Ebenenfenster der Hintergrund, auf den alles weitere aufgebaut wird.

Nun bestücken Sie die linke Schote mit den Tomaten. Klingt leicht, ist es auch, macht aber ein wenig Arbeit, da jede einzelne freigestellt werden muss. Ich würde dafür eine Kombination aus Pfad- und Extrahierenwerkzeug empfehlen: Mit dem Pfad bearbeiten Sie den klaren Umriss der Frucht, lassen aber um den grünen Zipfel des Stielansatzes viel Hintergrund stehen. Der wird im nächsten Schritt mit dem Extrahierenwerkzeug weggeschnitten. Zum Schluss entfernen Sie einige Artefakte des Extrahierenwerkzeugs, falls dies notwendig ist.

14.1 Einbau der Tomaten

Abbildung 14.1
Setzen Sie zum Freistellen der Tomate sowohl das Pfad- als auch das Extrahierenwerkzeug ein.

Tipp

Achten Sie beim Auftragen des Umrisses darauf, auch die feinen Härchen des Stiels einzubeziehen!

COMPOSING & MONTAGE

Kapitel 14 — Genfood

> **Hinweis**
>
> Arbeiten Sie mit kleinen Pinselspitzen. Für die Zeit und Sorgfalt, die Sie investieren, werden Sie mit einer Freistellung belohnt, die noch vor einigen Jahren als nahezu unmöglich galt!

Ziehen Sie dann die freigestellte Tomate auf die *Schoten*-Datei und adaptieren Sie ihre Größe und Ausrichtung.

14.1 Einbau der Tomaten

> **Hinweis**
> Erst drehen Sie die Tomate so, dass der Stiel nach unten rechts weist, ...

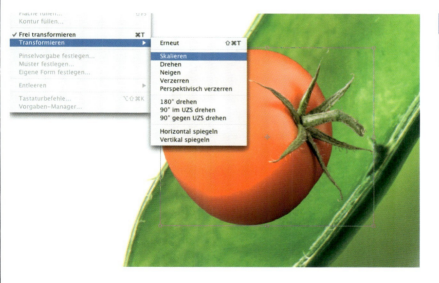

> **Hinweis**
> ... dann passen Sie die Größe an.

Die Verschmelzung von Stiel und Schote ist recht unspektakulär. Schieben Sie die Tomate so weit nach rechts, dass ein Teil des Stiels die Stelle verdeckt, an der die Erbse festgewachsen war. Nun brauchen Sie lediglich noch mit kleiner, weicher Werkzeugspitze und einer Deckkraft von unter 30 % den Stiel zu radieren, bis ein Übergang der beiden Strukturen entsteht.

Abbildung 14.2
Um den Übergang von Stiel zu Erbse zu gestalten, können Sie natürlich auch eine Ebenenmaske anlegen.

Auf gleiche Weise werden die Tomaten 2 bis 4 freigestellt, adaptiert und eingebaut. Die Tomaten 5 und 6 erhalten vor dem Freistellen eine Sonderbehandlung, denn sie sollen teilweise unreif erscheinen: Wechseln Sie vom Normal- in den Maskierenmodus und tragen Sie mit dem Pinselwerkzeug an den Stellen Farbe auf, die unreif erscheinen sollen. Klicken Sie sich dann zurück in den Normalmodus, um aus der Maske eine Auswahl zu machen, und öffnen Sie über BILD-ANPASSEN den Dialog FARBTON/SÄTTIGUNG.

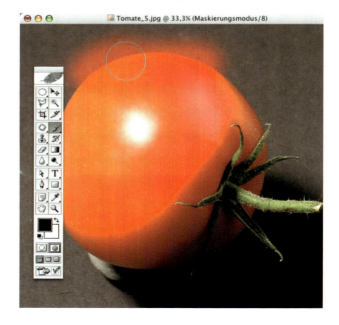

14.1 Einbau der Tomaten

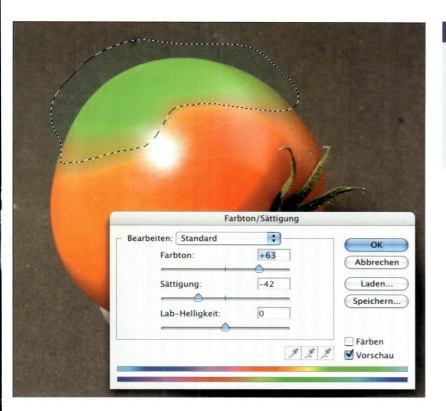

Achtung

Behalten Sie bei Änderungen des Farbtons unbedingt die Farbsättigung im Auge. In diesem Fall muss sie stark reduziert werden, um die grünen Stellen nicht zu grell erscheinen zu lassen.

Verschieben Sie den Farbtonregler nach rechts, bis eine frisches, helles Grün erreicht ist. Nachdem nun auch die Tomaten 5 und 6 »nachgeunreift«, freigestellt und eingebaut wurden, können Sie alle Tomaten in einer neuen Gruppe zusammenfassen.

Kapitel 14   Genfood

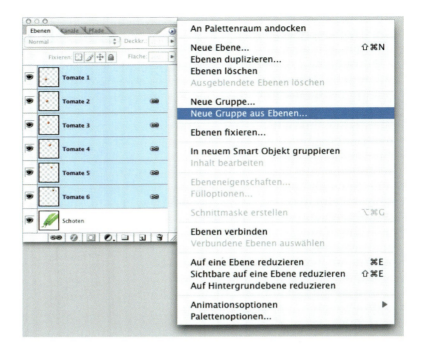

Abbildung 14.3
Licht stimmt, Schatten fehlen: Ohne einen passenden Schatten wirkt die Montage unecht.

Legen Sie unter der Tomaten-Gruppe eine Ebene *Schatten 1 unten* an. Ändern Sie den Modus von *Normal* in *Multiplizieren*. Dann tragen Sie einen

14.1 Einbau der Tomaten

dunkelgrauen Farbton mit einer mittelgroßen, sehr weichen Werkzeugspitze so auf, dass unter der Tomate ein Schatten entsteht. Wählen Sie eine sehr geringe Deckkraft von etwa 15-20 % und tragen Sie um so mehr Schichten grau auf, je dichter Sie der Grenzfläche von Tomate und Schote kommen. Auf diese Weise entsteht ein schöner, weicher Schatten, den Sie auch beinharten Kritikern als natürlich echt verkaufen können.

COMPOSING & MONTAGE **341**

Verfahren Sie mit den restlichen Tomaten wie mit der ersten, so dass im nächsten Schritt alle sechs *Schatten unten*-Ebenen in einer Gruppe untergebracht werden können.

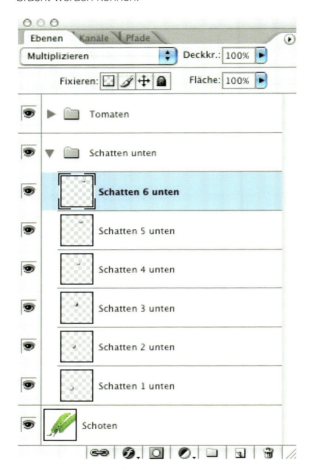

Abbildung 14.4
Fassen Sie die *Schatten unten*-Ebenen in einer eigenen Gruppe zusammen.

Sieht schon ganz gut aus, ist aber noch nicht gut: Da die Tomaten auch auf ihre jeweiligen Nachbarn Schatten werfen, müssen diese noch eingebaut werden. Öffnen Sie die Ebenengruppe der Tomaten und legen Sie unter der Ebene *Tomate 1* eine weitere Ebene an, die *Schatten 2 oben* genannt wird.

14.1 Einbau der Tomaten

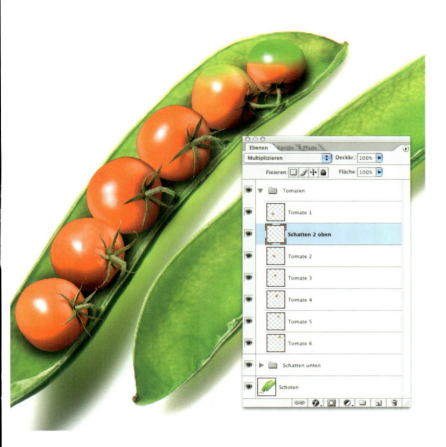

Hinweis

Ein weiterer Effekt der Schatten über den Tomaten ist, dass sich die Rottöne besser voneinander abheben.

Kapitel 14 — Genfood

> **Hinweis**
> So etwa sollte das Bild aussehen, wenn sämtliche Schatten eingezeichnet sind.

14.2 Der Kabelanschluss

Obwohl dieses Motiv eine Genmanipulation durch eine Bildmanipulation darstellt, fehlt noch ein Hinweis auf die künstliche Entstehungsweise dieser Spezies. Deswegen folgt als Nächstes der Anschluss der linken Schote an ein Kabel, das die Herkunft aus einem Genlabor nahe legt. Öffnen Sie die Datei *Kabel* und stellen Sie das Kabel mit dem Pfadwerkzeug frei. Verwandeln Sie den Pfad in eine Auswahl und geben Sie dieser über AUSWAHL-WEICHE AUSWAHLKANTE eine weiche Kante von 0,5 Pixeln, dann ziehen Sie sie auf das Composing.

14.2 Der Kabelanschluss

Kapitel 14   Genfood

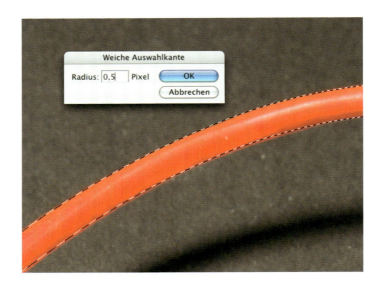

Skalieren Sie das Kabel, so dass es auf der unteren Seite über dem Schotenansatz und oben auf Höhe des Zwischenraums von Tomate 2 und 3 liegt.

Abbildung 14.5
Die Skalierung erfordert mal wieder ein wenig Feingefühl: Position und Größe des Kabels sollten möglichst genau der Abbildung entsprechen.

14.2 Der Kabelanschluss

Achtung
Der Schwung des Schotenansatzes nach links oben muss vom Kabel fortgeführt werden. Nur dann ist eine Verschmelzung beider Bildteile möglich.

Sicherlich wundern Sie sich, warum ich kein grünes Kabel genommen habe. Nun, ich hatte einfach keins, also färben wir das Ding einfach um. Das hätten wir übrigens aller Wahrscheinlichkeit nach sowieso tun müssen, denn es ist unwahrscheinlich, dass der Grünton exakt gepasst hätte.

Passen Sie also über BILD-ANPASSEN-FARBTON/SÄTTIGUNG den Farbton und die Farbsättigung an. Wenn Sie wollen, können Sie das Kabel auch noch etwas abdunkeln, um es organischer erscheinen zu lassen.

COMPOSING & MONTAGE **347**

Kapitel 14   Genfood

Erstellen Sie dann eine Ebenenmaske, in der Sie mit schwarzer Vordergrundfarbe und einer kleinen Radiergummiwerkzeugspitze den Kabelansatz vorsichtig transparent machen.

14.2 Der Kabelanschluss

Hinweis

Entfernen Sie den Kabelansatz mit einer Werkzeugspitze, die in etwa denselben Durchmesser hat wie das Kabel selbst. Verwenden Sie eine geringe Deckkraft von unter 30 % und arbeiten Sie in mehreren Durchgängen.

Den unter dem Kabel sichtbaren Teil des Schotenansatzes übermalen Sie einfach mit weißer Farbe, entweder direkt auf der Hintergrundebene oder auf einer Retusche-Ebene, die direkt oberhalb des Hintergrundes angelegt wird.

Kapitel 14   Genfood

Radieren Sie nun den oberen Teil des Kabels weg. Achten Sie aber darauf, in der Maske zu radieren und nicht in der eigentlichen Ebene. Verwenden Sie eine Werkzeugspitze von etwa 20 Pixeln Durchmesser und einer Kantenschärfe von 90 %.

Tipp

Es gibt mehrere Möglichkeiten, das überflüssige Kabel zu entfernen. Durch das Radieren mit einer Pinselspitze wird die leichte Unregelmäßigkeit des Schotenrandes imitiert.

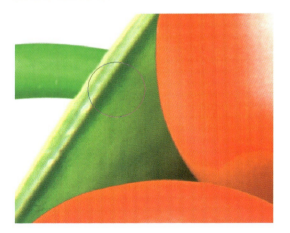

Für das nächste Kabelstück, das zwischen den beiden Schotenhälften sichtbar ist, wählen Sie per Polygonlasso ein Stück aus, kopieren es und fügen es in eine eigene Ebene, die *Kabel mitte* getauft wird. Auch für diese Ebene benötigen Sie eine Ebenenmaske, um gefahrlos radieren zu können.

14.2 Der Kabelanschluss

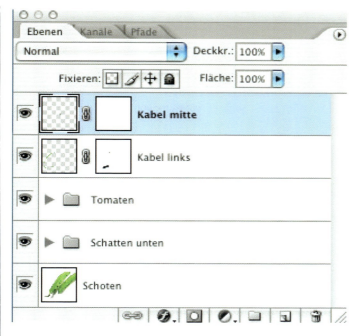

Bevor Sie allerdings die Kabelenden retuschieren, müssen Sie die knifflige Aufgabe meistern, das Kabel in die richtige Position zu bringen. Stellen Sie sich den Schwung des linken Kabels unter der Schote vor. An der Stelle, wo es zwischen den Schotenhälften auftaucht, bauen Sie das kleine Stück ein.

Abbildung 14.6
Bevor Sie die Kabelenden retuschieren, muss das Kabelstück in die richtige Position gebracht und über BEARBEITEN-TRANS-FORMIEREN-DREHEN in den passenden Winkel zum Kabel links gedreht werden.

Nun muss das Kabelstück nur noch durch Abdunklung der Enden der Lichtsituation angepasst werden. Dies geschieht am einfachsten mit dem Nachbelichtenwerkzeug, als Bereich wählen Sie *Lichter*. Vergewissern Sie sich, dass Sie vorher in das Icon der Ebene geklickt haben, ansonsten versuchen Sie, die Maske nachzubelichten!

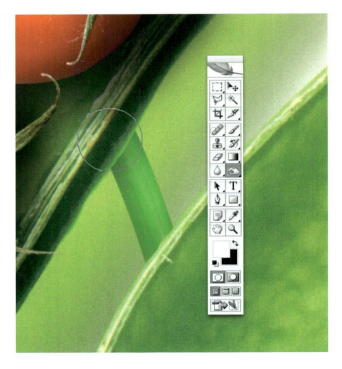

14.2 Der Kabelanschluss

Als letztes Kabel wird das rechte Stück aus dem linken kopiert und in eine eigene Ebene eingefügt. Nennen Sie sie *Kabel rechts*. Dann folgt das Anlegen einer Ebenenmaske und das Positionieren und Drehen wie zuvor beim mittleren Stück. Auch hier ist es sehr wichtig, dass die Richtung stimmt, denn sonst würde der Betrachter unsichtbare Knicke unter der rechten Schote vermuten, die sich durch das Bild nicht erklären ließen. Ist die Positionierung in Ordnung, wird das linke Ende in der Ebenenmaske retuschiert und leicht abgedunkelt.

Kapitel 14 Genfood

> **Tipp**
>
> Das Fadenkreuz in der Mitte der Ebene ist die Drehachse, die sich überall hin verschieben lässt. Sie funktioniert selbst außerhalb des aufgezogenen Drehrahmens.

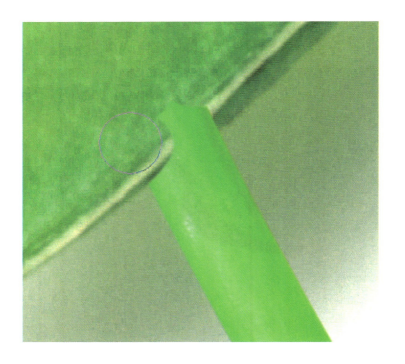

14.2 Der Kabelanschluss

Das Kabelende sollte ebenfalls einen cyberorganischen Hinweis enthalten, ich habe mich deswegen für eine Kombination aus Gartenschlauch und Pflanzenfasern entschieden. Öffnen Sie die Datei *Schlauch* und stellen Sie die die graue Plastikmündung mit dem Pfadwerkzeug frei. Dann folgt die übliche Routine: in eine Auswahl umwandeln, weiche Auswahlkante von 0,5 Pixeln und auf das Composing ziehen. Bezeichnen Sie die Ebene als *Mündung*, dann skalieren Sie sie, bis sie nur noch ein klein wenig größer ist als der Kabeldurchmesser.

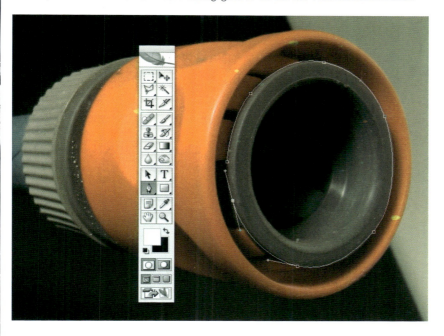

Kapitel 14 Genfood

Über die BILD-ANPASSEN-FARBBALANCE geben Sie der Mündung einen Grünton. Anschließend wird mit Hilfe der Tonwertkorrektur die Helligkeit angepasst.

Tipp

Verschieben Sie lediglich den rechten Regler auf einen Wert knapp unter 200, um die Tonwerte dem Kabel anzupassen.

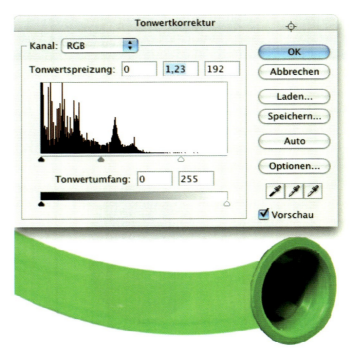

14.2 Der Kabelanschluss

Öffnen Sie die Datei *Einzelne_Kabel* und ziehen Sie sie an die entsprechende Stelle im Bild. Da der Hintergrund einen Farbton aufweist, die Kabelfasern aber auf reinem Weiß stehen sollen, entfernen Sie den Farbton durch Ziehen des rechten Reglers der Tonwertkorrektur nach links. Ziehen Sie ihn so weit, bis der größte Teil des Untergrundes verschwunden ist, die Schatten der Fasern jedoch noch sichtbar sind. Mit dem Polygonlasso werden die Fasern und ein Teil des roten Isolierbandes umrandet, dann die Auswahl umgekehrt und gelöscht. Achten Sie aber darauf, die Faserschatten zu erhalten.

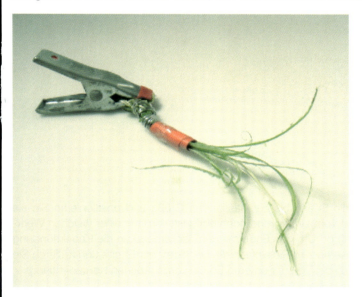

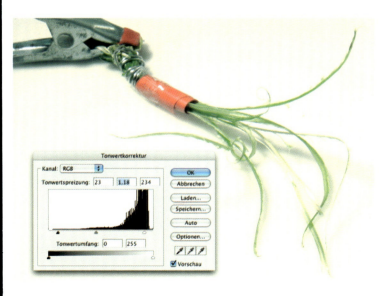

Kapitel 14   Genfood

> **Hinweis**
> Wenn diejenigen Teile des Hintergrundes radiert werden, die die Tonwertkorrektur nicht ganz weiß bekommen hat, müssen die Schatten der Fasern erhalten bleiben.

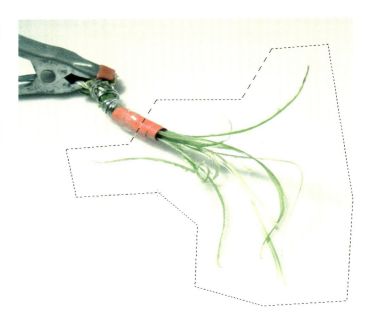

Skalieren Sie die Ebene bis zur passenden Größe und positionieren Sie sie exakt. Was jetzt vom Untergrund noch übrig ist, wird mit einer weichen Werkzeugspitze entfernt. Um das Ende mit dem Isolierband an die Kabelmündung zu adaptieren, verringern Sie einfach die Deckkraft der Ebene und radieren Sie entsprechend an der von der unteren Ebene vorgegebenen Kontur entlang.

> **Tipp**
> Legen Sie für diese Ebene eine Tonwertkorrektur als Einstellungsebene an. Schieben Sie den linken Regler sehr weit nach rechts, bis die Farbe des Untergrundes grellbunt und zu dunkel aussieht. Nun ist sie deutlicher zu sehen und Sie können sie bequem entfernen. Dann löschen Sie die Einstellungsebene wieder.

14.2 Der Kabelanschluss

Noch wirkt die Ebene ein wenig aufgesetzt, doch mit dem Nachbelichtenwerkzeug wird dieser Eindruck schnell zerstreut. Dunkeln Sie mit einer weichen Werkzeugspitze nach, als Bereich wählen Sie *Lichter*.

Fehlen nur noch zwei Kleinigkeiten. Die eine ist flott erledigt, es geht nur darum, das doch sehr grüne Kabel an den Farbton der Mündung zu adaptieren. Dunkeln Sie einfach das rechte Kabelende der *Ebene Kabel* rechts mit dem Nachbelichtenwerkzeug ein wenig ab. Die andere Kleinigkeit ist, Sie ahnen's bereits, ein fehlender Schatten unter dem rechten Kabel, denn im Moment hängt es noch etwas in der Luft.

Legen Sie die Ebene *Schatten Kabel* über der Ebenengruppe der Tomaten an und malen Sie mit einer etwa 100 Pixel großen Pinselspitze und sehr geringer Deckkraft einen Schatten unter das Kabel. Gesegnete Mahlzeit!

Kapitel 14 Genfood

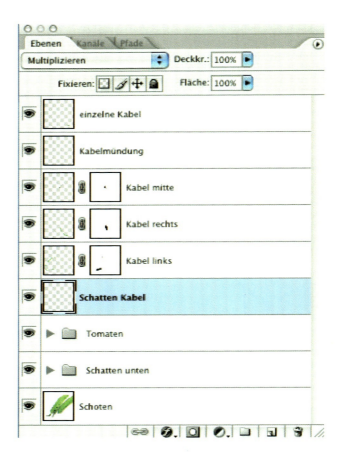

14.2 Der Kabelanschluss

Abbildung 14.7
Die vollendete Montage der Neuzüchtung!

Index

Numerisch
17-Megapixel-DSLR *21*
2-Megapixel-Kamera *20*
35-mm-Objektiv *29*
400-mm-Fernobjektiv *21*

A
Amplitude *283*, *306*
Analog *20*
Anpassung
    Farbe *49*
    Helligkeit *49*
    Kontrast *49*
    Sättigung *49*
    Struktur *49*
Anschnitt *62*
Apple *22*
APS-Format *18*
Arbeitsfläche *238*
Arbeitsspeicher *22*, *23*
Arbeitsweise
    analog *20*
    digital *20*
Artefakte *334*
Auflösung *24*
Aufnahmechip *16*
Aufnahmestandpunkt *33*
Auswahl *45*, *151*
Auswahlkante *47*

B
Beleuchtung *34*
Belichtung *41*
Belichtungszeit *26*
benennen *57*
Bewegung *61*
Bewegungsunschärfe *151*
Bildbearbeitung *22*
Bildqualität *53*
Blende *26*, *28*, *29*
Blickwinkel *127*
Blitz *21*
Blitzgerät *21*
Brechung *29*
Brennweite *29*, *31*, *32*, *33*

C
Composing *60*, *104*
    Landschaft *233*

D
Deckkraft *161*, *200*, *209*
Deckkraftverringerung *135*
Desktop *56*
Detailauflösung *19*
diffuses Licht *33*
digital *20*
Dimension *68*
Dramatik *61*, *136*
Dreidimensionalität *68*, *280*
    unmögliche *246*
Drucker *24*
DSLR *16*, *21*
Dynamik *328*

E
Ebene, Benennung *57*
Ebenengruppe *56*, *153*, *221*
Ebenenmaske *193*, *222*, *260*, *274*, *348*
Einstellungsebene *49*
Entwurf *59*
Extrahierenwerkzeug *47*, *326*, *334*

F
Fachkamera *19*
Farbänderung *50*, *52*
Farbbalance *52*, *134*, *186*
Farbe *49*
    angleichen *51*
färben *347*
Farbkorrektur *51*
Farbsättigung *52*
Farbspektrum *36*
Farbstich *23*, *45*
    entfernen *50*
Farbtemperatur *36*, *37*, *41*
Farbton *52*, *105*
Festplatte *23*
Filmformate *16*, *18*

Index

Filter *44*
    Gelatine *36*
    Glas *36*
    Verbiegen *304*
Filterbehandlung *151*
Fisheye *21*
Fluchtlinien *214*
Fluchtpunkt *214*
Format *62*
Fotoausrüstung *22*
Fotografieren *63*
Fotografische Umsetzung *63*
freistellen *45*, *81*, *105*, *113*, *139*, *255*, *269*, *308*, *335*
    Extrahierenwerkzeug *47*
    Feinschliff *47*
    Lasso *46*
    Maskierung *46*
    Pfadwerkzeug *45*
    Zauberstab *45*
Fülloptionen *269*, *275*, *321*

G

Grafikkarte *23*
Grafiktablett *23*, *62*
Größenrelation, natürliche *29*
Großformatkamera *19*

H

hartes Licht *33*
Hauptlichtquelle *256*
Helligkeit *49*, *52*, *186*
Helligkeitswert *27*
Histogramm *313*
Hochformat *206*

I

Idee *60*
    Umsetzung *62*
Illusion *68*

J

jpg *38*

K

Kamera *16*, *19*, *20*
Kameraeinstellung *37*
Kamerasysteme *16*
Kelvin *37*
Kleinbildfilm *16*
Komprimierung *38*
Kontrast *49*, *193*
künstliches Licht
    Glühlampen *36*
    Leuchtstoffröhre *36*

L

Lasso *46*
Leuchtstoffröhren *36*
Licht *33*, *34*, *35*, *181*
    Blitzlicht *36*
    Glühlampe *36*
    Halogenlampe *36*
    Kerzenlicht *36*
    knallhartes *33*
    sanft-weiches *33*
    Tageslicht *36*
Lichteffekt *290*
Lichtkegel *184*
Lichtquelle *36*
Lichtschein *142*, *182*
Lichtspektrum *36*
Lichtstimmung *33*
Lichtwert *27*
Luftperspektive *71*, *232*
Luminanzmodus *148*, *162*
Luminanz-Regler *51*

M

Magnetlasso *46*, *78*, *291*
Makrofunktion *20*
Makroobjektiv *20*
Maskierung *46*

Index

Maskierungsmodus 46
Maus 23
Megapixel 20, 21
Mindestvoraussetzung 16
Mittelformat-Kamera 19
Monitor 22, 24
    der Kamera 21
    zweiter 23
Montage 78, 241
Mystik und Dramatik 61

N

Nebel 135, 202, 264
Negativ-Format 19
Normalobjektiv 29, 31

O

Objektive 16, 20
Objektivfehler 42
Orientierungshilfe 74
Ozeanwellen 197

P

Panoramaformat 18
Parallaxe 17
Perspektive 29, 33, 230
perspektivische Tiefe 71
perspektivische Wirkung 241
Pfadwerkzeug 45
Photoshop 44
Plastizität 88, 298
Pocket-Kamera 18
Polygonlasso 46, 154, 161, 256,
    265, 350
psd-Datei 252

R

Rauschen 53
Rauschverhalten 54
raw-Datei 40

Rechner 23
    Mac 22
    Windows 22
Reflexion 118, 145

S

Sättigung 49, 52, 186, 193, 238
Scannen
    Dia 23
    Negativ 23
Scanner 20, 23
Scanservice 20
Schärfe 23
Schatten 33, 94, 110, 164, 173,
    219, 244, 317, 340
Schattenseite 35
Schnittpunkt, goldener 320
Schwingungen 283
Skizze 62
SLR oder DSLR
    Nachteile 17
    Vorteile 16
Sonnenlicht 36
Sonnenstrahlen, erzeugen 265
Spannung, gegensätzliche 110
Speicherformat 38
Spiegelreflexkamera 16, 20, 26
Spiegelung 113, 123, 148
Stativ 21
Störungsfilter 54
Struktur 49, 52
Studioaufnahme 104, 105
Sucherkamera 16, 20
    Nachteil 17
    Vorteil 17
Symbol 60

T

Tageslicht 21
Tageslichtfilm 36
Teleobjektiv 29, 32
Tiefe 91, 107, 109
Tiefenschärfe 27, 29

Index

tif-Datei *40*
Tonwerte *41*, *50*
Tonwerteverteilung *313*
Tonwertkorrektur *23*, *49*, *74*, *109*, *143*, *146*, *170*, *186*, *208*, *267*, *356*
    Farbänderung *50*

U

Übergangspixel *48*, *153*
Umgebungslicht *24*
Umsetzung *59*, *60*
Unscharf-maskieren-Filter *29*
UV-Strahlung *36*

V

verbiegen *238*, *239*, *271*, *306*
Verblassen *210*
Verblassen-Regler *51*
Verflüssigenwerkzeug *189*
Verschluss *16*

verwackeln *27*
verzerren *230*, *288*
Verzerrung *157*

W

Wärmestrahlung *36*
Weichzeichnen *54*, *147*
Weißabgleich *36*
Weitwinkel *30*, *33*
Weitwinkelobjektiv *29*
Wellenlänge *283*
Werkzeuge *44*
Windows *22*

Z

Zeichnung *62*
Zoomobjektive *20*, *30*
    Telebereich *30*
    Weitwinkel *30*
Zweidimensionalität *68*

Andreas Kunert

Farbmanagement
in der Digitalfotografie

- **Farbrichtige Aufnahmen durch ICC-Profilierung der Kamera**
- **Farbkorrektur mit Photoshop**
- **Farbverbindliche Ausgabe mit Hilfe von Proofsoftware**

Mit der Digitalfotografie kommen neue Anforderungen auf den Berufsfotografen zu, denn neben den vielen Vorteilen, die die neue Aufnahmetechnik mit sich bringt, muss der Fotograf Farbmanagement neu erlernen: Eine farbverbindliche Vorlage, die in der analogen Fotografie als Referenz zur Verfügung steht, existiert in der Digitalfotografie nicht.

Andreas Kunert widmet sich zunächst dem Verständnis für die physikalischen Besonderheit von Bildsensoren im Unterschied zum herkömmlichen Film. Er geht detailliert auf die erforderlichen Einstellungen an Kamera, Monitor und Drucker ein, um Farbsicherheit für das Foto zu gewährleisten. So erfahren Sie unter anderem, wie Sie den Monitor kalibrieren, ICC-Profile erstellen und CMYK-Separationen vornehmen. Verschiedene Farbmanagement-Tools und die anspruchsvolle Verarbeitung der RAW-Dateien helfen zudem, die Qualität der Fotos zu optimieren. Aber auch die Farbkorrektur und Druckvorbereitung mit Photoshop kommen in diesem Profi-Buch nicht zu kurz.

Mit dem nötigen Wissen erhalten Sie Sicherheit während der Produktion und ein höchst zufriedenstellendes Foto-Ergebnis für sich und Ihren Auftraggeber.

Aus dem Inhalt:
- Die Physik von Licht und Farbsehen
- Bildgebende Techniken
- Theorie und Praxis des Farbmanagements: ICC-Profil, Rendering Intents, Monitor- und Drucker-Kalibrierung u.v.m.
- Umgang mit Farbmanagement-Tools: Eye-One, ColourKit Profiler Suite und ProfileMaker
- Farbe in der digitalen Aufnahmepraxis und Verarbeitung der Bilddaten
- Professionelle Farbkorrektur und Fotobearbeitung mit Photoshop
- Druckvorbereitung und Ausgabeverfahren
- Der Proof zur Qualitätskontrolle

Der Autor:
Andreas Kunert arbeitet als freiberuflicher Fotodesigner und Digital-Operator. Er war an der Fachhochschule Dortmund als Dozent im Fach Fototechnik tätig und ist Junior-Mitglied des BFF.

Probekapitel und Infos erhalten Sie unter: **www.mitp.de**

ISBN 3-8266-1417-8

Taz Tally

SilverFast –
Das offizielle Buch

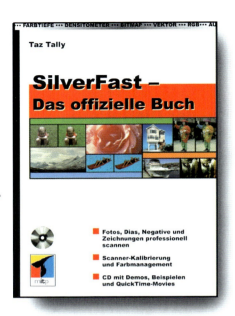

- **Fotos, Dias, Negative und Zeichnungen professionell scannen**
- **Scanner-Kalibrierung und Farbmanagement**
- **CD mit Demos, Beispielen und QuickTime-Movies**

SilverFast verbindet als professionelle Scanner- und Bildbearbeitungssoftware eine benutzerfreundliche Bedienung mit hochwirksamen professionellen Kontrollen.
In diesem Buch vermittelt Ihnen Taz Tally praktische Kenntnisse für bestmögliche Scans und Bilder – und zwar für alle SilverFast-Produkte: SilverFast Ai, SE, DC, DCPro, HDR oder PhotoCD.
Sie werden sorgfältig in die grundlegende Scantechnik eingeführt, erhalten aber auch das nötige Wissen, um die ganze Palette der hoch professionellen Möglichkeiten von SilverFast zu nutzen. Dazu gehören das Scannen von Negativen oder Dias, die Kalibrierung, die Bearbeitung des Bildes hinsichtlich Schärfe und Farbkorrektur sowie die Integration in den Farbmanagement-Workflow.

Aus dem Inhalt:
- Arbeitsweise von Scannern
- Kalibrierung des Scanners
- Densitometer und Histogramm einsetzen
- Exakte Korrekturen mithilfe von Masken
- Farbtöne verändern und anpassen
- Photos schärfen und Rauschunterdrückung
- Illustrationen, Dias und Negative einscannen
- Einsatz von Farbmanagement-Profilen
- Konvertierung von Rohdatenformaten professioneller Digitalkameras
- Stapelscans und JobManager

inkl. CD-ROM

Auf der CD für Mac & PC:
Demo-Versionen von SilverFast HDR und SilverFast DCPro mit allen Highlights und Features, Beispiel-Bilder, PDF-Dokumentation und QuickTime-Tutorial-Movies.

Probekapitel und Infos erhalten
Sie unter: **www.mitp.de**

ISBN 3-8266-1521-2